聞く、話す
総合中国語
初級完全マスター

潘藝梅
畢文涛

駿河台出版社
SURUGADAI SHUPPANSHA

音声について

本書の音声は、下記サイトより無料でダウンロード、およびストリーミングでお聴きいただけます。

https://stream.e-surugadai.com/books/isbn978-4-411-03171-6/

＊ご注意
- PCからでも、iPhoneやAndroidのスマートフォンからでも音声を再生いただけます。
- 音声は何度でもダウンロード・再生いただくことができます。
- 当音声ファイルのデータにかかる著作権・その他の権利は駿河台出版社に帰属します。無断での複製・公衆送信・転載は禁止されています。

装丁・本文デザイン：小熊　未央

まえがき

　本テキストは、教授側と学習側双方の立場に立ち、「教えやすく、かつ学びやすい」という趣旨で作成した初級テキストである。HSK１級〜２級の語彙を使用し、HSK２級の合格を目標としている。使用期間は一年間である。

１、全体の構成

　週に２回の授業、または週に１回の授業を前提に、この１冊で１年次の初級中国語を学習できるよう、発音篇、基礎文法および日常の会話表現を17課で構成した。前期は発音篇（３課）と本篇６課、後期は８課である。試験や休日を考慮し、余裕のあるカリキュラムとなっている。

２、各課の構成

　各課は以下のように構成されている：

① 　主要文法、学習ポイント　②会話文と会話文の新出単語会　③会話文をしっかりマスターするための日中の口頭翻訳、ピンインの朗読練習　④ヒアリング練習　⑤トレーニング練習

・**主要文法**は各課に２項目設け、１冊のテキストで初級中国語の基本文法を網羅した。

・**会話文**はその課の基本文法を活かしたストーリー性のある文章で、親しみやすく、ペアワークしやすいものとなっている。また、会話文を内容とした口頭練習（日中口頭翻訳、ピンインの朗読練習）で繰り返し練習することで、会話文の定着を図る。

・**新出単語**は HSK１級〜２級の語彙を使用し、一年間の学習で HSK２級の合格を目指す。「本文」の「新出単語」は235語、「練習問題」の「新出単語」は45語で、総単語数は280語である。

・**練習部分**はリスニング問題とトレーニング問題によって構成されている。伝統的な問題形式を踏襲しつつ、授業の雰囲気を活発にし、中国語学習の楽しさを実感できるよう、新しい形の練習問題も取り入れた。

　本書は、著者の潘藝梅の博士課程指導教官市川桃子教授の啓発で執筆し始めた。また、共同執筆者の畢文涛先生と日々中国語教育や中国語テキストについて切磋琢磨し、熟慮を重ねて本書を作り上げた。

　最後に、本書の刊行にあたり、駿河台出版社の浅見忠仁取締役に大変お世話になり、テキストのデザインから日本語訳、中国語の修正までご尽力いただいたことに、この場を借りて厚く御礼申し上げます。

2025年２月10日　著者

目　次

まえがき 3

発音篇

第1課 6
 1.声調　　2.単母音　　3.子音（1）　　4.子音（2）

第2課 10
 1.二重母音　　2.三重母音　　3.鼻母音（1）　　4.鼻母音（2）

第3課 13
 1.声調の付け方　　2.声調の変化　　3.軽声　　4.ｒ化音

基本挨拶言葉 15

第 1 課 ● 你好! 16

主要文法要点　□是　□名前の尋ね方
学習ポイント　★疑問詞「什么＋名詞」　★疑問詞「吗」　★人称代名詞
もうちょっと知りましょう❶ ── 国名と言語

第 2 課 ● 您喝什么? 22

主要文法要点　□動詞述語文　□0～10の数　□11～100の数
学習ポイント　★人民元（中国の紙幣）の単位　★疑問詞「什么」　★量詞
     ★疑問詞「多少」　★呢

第 3 課 ● 你忙吗? 28

主要文法要点　□形容詞述語文　□主述述語文
学習ポイント　★介詞　★疑問詞「怎么样」　★有点儿
もうちょっと知りましょう❷ ── ファストフードについて

第 4 課 ● 你家有几口人? 34

主要文法要点　□有：所有を表す　□名詞述語文❶日付の言い方
学習ポイント　★年齢の尋ね方　★疑問詞「多」　★疑問詞「几」　★接続詞「和」
もうちょっと知りましょう❸ ── 家族構成

第 5 課 ● 你每天几点起床? 40

主要文法要点　□時点　□時刻の表し方　□連動文
学習ポイント　★動詞の重ね型　★介詞「从～到～」　★疑問詞「怎么」
     ★日にちを表す言葉
もうちょっと知りましょう❹ ── 趣味によく使う表現

第 6 課 ● 你在哪儿? 46

主要文法要点　□有：存在を表す　□在：所在を表す
学習ポイント　★方位詞　★動作・時間量　★曜日の言い方
     ★疑問詞「多长时间」　★疑問詞「什么时候」　★吧

4

第 **7** 課 ● 我想去旅行。 ────────────────────── 52

主要文法要点 □ 助動詞 □ 状態補語

学習ポイント ☆ 疑問詞「为什么」 ☆ 因为～，所以～ ☆ 喜欢

☆ 趣味についての尋ね方

第 **8** 課 ● 我买了一台笔记本电脑。 ────────────── 58

主要文法要点 □ 了（1） □ 了（2）

学習ポイント ☆ 不能～了 ☆ 该～了 ☆ 時間＋才

もうちょっと知りましょう❺ ― よく使う反義語形容詞

第 **9** 課 ● 你吃过川菜吗? ──────────────────── 64

主要文法要点 □ 过 □ 是～的

学習ポイント ☆ ～极了 ☆ 又～又～ ☆ ～的时候

第 **10** 課 ● 我在上课呢。 ───────────────────── 70

主要文法要点 □ 動作の進行 □ 着

学習ポイント ☆ 一边…一边～ ☆ 呢

もうちょっと知りましょう❻ ― 起きるから寝るまで

第 **11** 課 ● 你看见老师了吗? ─────────────────── 76

主要文法要点 □ 結果補語 □「被」構文

学習ポイント ☆ 快＋動詞句 ☆ 会～的

もうちょっと知りましょう❼ ― その他主な結果補語

第 **12** 課 ● 我们走上去吧! ──────────────────── 82

主要文法要点 □ 方向補語 □ 存現文

学習ポイント ☆ (快) 要～了 ☆ 疑問詞「怎么」

もうちょっと知りましょう❽ ― 洋服と色

第 **13** 課 ● 我看不懂中国电影。 ───────────────── 88

主要文法要点 □ 比較文 □ 可能補語

学習ポイント ☆ 一～就～ ☆ ～得多 ☆ 如果～（的话）

もうちょっと知りましょう❾ ― 映画の種類、音楽の種類

第 **14** 課 ● 你爸爸让你去留学吗? ──────────────── 94

主要文法要点 □ 使役文 □「把」構文

学習ポイント ☆ 先～，（然后）再～

もうちょっと知りましょう❿ ― よく使う学習道具類

語彙索引 ─────────────────────────────── 100

発音篇

第 1 課

　中国語では、ほとんどの場合、漢字の1字は1音節になる。音節は、声母（子音）と韻母（母音）から成り、さらに声調が加わる。中国語の発音を表すローマ字表記をピンインという。

音節＝【声母（子音）＋韻母（母音）】＋声調

例：mǎ ＝【子音 m ＋母音 a】＋声調 ˇ

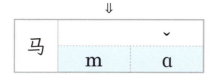

1．声調：四声（1声，2声，3声，4声） 🎧001

　1つの音節には、上がり下がりの調子がある。これを声調という。"普通话（共通語）"には4つの声調があるので，「四声（しせい）」ともいう。順に1声、2声、3声、4声という。それぞれ記号"ˉ ˊ ˇ ˋ"を主要母音の上につける。

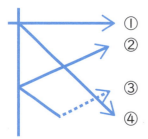

① ā 第一声（高く平らに発音する）
② á 第二声（急激に上昇する）
③ ǎ 第三声（低くおさえこむ）
④ à 第四声（急激に降下する）

a 軽　声（軽く発音する）（発音篇—第3課参照）

2．単母音：a, o, e, i, u, ü, er 🎧002

	発音の仕方
a	日本語の「ア」より口を大きく開けて、口の奥から発音する。
o	日本語の「オ」より唇を丸くして、口の奥から発音する。
e	口を左右に開き、舌と喉の奥で「ウ」を発音する。
i	日本語の「イ」を少し伸ばす。
u	日本語の「ウ」より唇を突き出して、口の奥から発音する。
ü	「u」を発音する時の唇の形で「イ」を発音する。
er	「e」を発音しながら舌をそりあげる。

＊"i, u, ü"の前に子音が来ない時、ピンインは"yi, wu, yu"のようにつづる。

練習1 発音してみよう。 🎧003

①āáǎà ②ōóǒò ③ēéěè ④īíǐì

⑤ūúǔù ⑥ǖǘǚǜ ⑦ēr ér ěr èr

練習2 音声を聴き、正しい声調または発音に〇をつけよう。 🎧004

①ā à ②è é ③ǔ ú ④ē ū

⑤ò ù ⑥ǐ ǔ ⑦ě ěr ⑧ù ù

練習3 音声を聴き、聴こえたピンインを書こう。 🎧005

① _____ ② _____ ③ _____ ④ _____

⑤ _____ ⑥ _____ ⑦ _____ ⑧ _____

⑨ _____ ⑩ _____ ⑪ _____ ⑫ _____

3．子音（1） 🎧006

	無気音	有気音		
唇音 しんおん	b (o)	p (o)	m (o)	f (o)
舌尖音 ぜっせんおん	d (e)	t (e)	n (e)	l (e)
舌根音 ぜっこんおん	g (e)	k (e)	h (e)	
舌面音 ぜつめんおん	j (i)	q (i)	x (i)	

＊"j，q，x" の後に "ü" がつく時、"ju，qu，xu" のようにつづる。

練習1 発音してみよう。 🎧007

① bō bó bǒ bò　　② pō pó pǒ pò　　③ mō mó mǒ mò　　④ *fō fó fǒ fò*

⑤ dē dé *dě* dè　　⑥ *tē té tě* tè　　⑦ *nē* né *ně* nè　　⑧ lē *lé lě* lè

⑨ gē gé gě gè　　⑩ kē ké kě kè　　⑪ hē hé hě hè　　⑫ jī jí jǐ jì

⑬ qī qí qǐ qì　　⑭ xī xí xǐ xì　　　　　　＊斜体は実際存在しない音節

練習2 音声を聴き、正しいピンインに〇をつけよう。 🎧008

① bà pà　　② dǐ tǐ　　③ gù kù

④ jí qí　　⑤ nǔ lǔ　　⑥ hù fù

練習3 音声を聴き、聴こえたピンインを書こう。 🎧009

① ＿＿＿＿＿　② ＿＿＿＿＿　③ ＿＿＿＿＿　④ ＿＿＿＿＿

⑤ ＿＿＿＿＿　⑥ ＿＿＿＿＿　⑦ ＿＿＿＿＿　⑧ ＿＿＿＿＿

⑨ ＿＿＿＿＿　⑩ ＿＿＿＿＿　⑪ ＿＿＿＿＿　⑫ ＿＿＿＿＿

4．子音（2）🎧010

	無気音	有気音		
舌歯音 ぜっしおん	z (i)	c (i)	s (i)	
そり舌音 ぜつおん	zh (i)	ch (i)	sh (i)	r (i)

練習1 発音してみよう。🎧011

① zhī zhí zhǐ zhì　② chī chí chǐ chì　③ shī shí shǐ shì

④ zī *zí* zǐ zì　⑤ cī cí cǐ cì　⑥ sī *sí* sǐ sì

⑦ *rī rí rǐ* rì　　　＊斜体は実際には存在しない音節

練習2 音声を聴き、正しい発音に○をつけよう。🎧012

① zǐ zǔ　　　② chī qī　　　③ zhǐ chǐ

④ shí xí　　　⑤ jī zhī　　　⑥ rì lì

練習3 音声を聴き、聴こえたピンインを書こう。🎧013

① ＿＿＿＿＿　② ＿＿＿＿＿　③ ＿＿＿＿＿　④ ＿＿＿＿＿

⑤ ＿＿＿＿＿　⑥ ＿＿＿＿＿　⑦ ＿＿＿＿＿　⑧ ＿＿＿＿＿

⑨ ＿＿＿＿＿　⑩ ＿＿＿＿＿　⑪ ＿＿＿＿＿　⑫ ＿＿＿＿＿

発音篇

第 2 課

Ⅰ. 二重母音：ai, ei, ao, ou, ia, ie, ua, uo, üe 🎧014

＊"i, u, ü"の前に子音が来ない時、次のようにつづる。

ia ⇒ ya   ie ⇒ ye   ua ⇒ wa   uo ⇒ wo   üe ⇒ yue

＊"üe"の前に子音"j, q, x"が来る時、次のようにつづる。

j+üe ⇒ jue   q+üe ⇒ que   x+üe ⇒ xue

練習1 発音してみよう。 🎧015

① ǎi hǎi   ② āo gāo   ③ ēi fēi   ④ òu hòu   ⑤ yā jiā

⑥ yě jiě   ⑦ wā huā   ⑧ wǒ duǒ   ⑨ yuè què

練習2 先生の発音を聞いて、正しい発音に〇をつけよう。 🎧016

① běi bèi   ② guó guǒ   ③ gāo gào   ④ huā huà

⑤ dàxué dàxuě   ⑥ lìjiè lǐjié   ⑦ lǔfèi lùféi   ⑧ dàjiā dǎjià

練習3 音声を聴き、聴こえたピンインを書こう。 🎧017

① ＿＿＿＿＿＿   ② ＿＿＿＿＿＿   ③ ＿＿＿＿＿＿   ④ ＿＿＿＿＿＿

⑤ ＿＿＿＿＿＿   ⑥ ＿＿＿＿＿＿   ⑦ ＿＿＿＿＿＿   ⑧ ＿＿＿＿＿＿

⑨ ＿＿＿＿＿＿   ⑩ ＿＿＿＿＿＿   ⑪ ＿＿＿＿＿＿   ⑫ ＿＿＿＿＿＿

２．三重母音：iao，iou，uai，uei 🎧018

＊"i，u"の前に子音が来ない時、次のようにつづる。

iao ⇒ yao　　　　iou ⇒ you　　　　uai ⇒ wai　　　　uei ⇒ wei

＊"iou"の前に子音がつくときは、次のようにつづる。

d+iou ⇒ diu　　　l+iou ⇒ liu　　　j+iou ⇒ jiu...

＊"uei"の前に子音がつくときは、次のようにつづる。

d+uei ⇒ dui　　g+uei ⇒ gui　　h+uei ⇒ hui　　zh+uei ⇒ zhui　　z+uei ⇒ zui...

＊二重母音、三重母音などの複合母音に声調符号をつける時は、"a"があれば"a"の上に、"a"がなければ"o"か"e"の上に、"a，o，e"がなければ"i，u，ü"の上に、"iu"と"ui"の場合は、後ろにつける。

練習1　発音してみよう 🎧019

① yāo xiāohào　　② yóu liúlì　　　③ wài kuàilè　　④ wèi huìjí

練習2　音声を聴き、正しい母音に○をつけよう。🎧020

① diào dào　　② huài hài　　③ hēi huī　　④ dōu diū　　⑤ xué xié

練習3　音声を聴き、聴こえたピンインを書こう。🎧021

① ＿＿＿＿＿＿　② ＿＿＿＿＿＿　③ ＿＿＿＿＿＿　④ ＿＿＿＿＿＿

⑤ ＿＿＿＿＿＿　⑥ ＿＿＿＿＿＿　⑦ ＿＿＿＿＿＿　⑧ ＿＿＿＿＿＿

３．鼻母音（1）：an，ang，en，eng，in，ing，ong 🎧022

練習1　発音してみよう。🎧023

① bān bāng　　② fán fén　　　③ pēn pēng

④ lǎn lǎng　　⑤ jīn jīng　　⑥ zhǎng zhěng

練習2　音声を聴き、正しい発音に○をつけよう。🎧024

① gǎng gǎn　　② fēn fēng　　③ cháng chéng

④ xīn xīng　　⑤ pín pén　　⑥ bān bēn

11

4．鼻母音（2）：ian, iang, uan, uang, uen, ueng, üan, ün, iong 🎧 025

＊子音がつかないときは、次のようにつづる。

ian ⇒ yan	iang ⇒ yang	in ⇒ yin	ing ⇒ ying	iong ⇒ yong
uan ⇒ wan	uang ⇒ wang	uen ⇒ wen	ueng ⇒ weng	
ün ⇒ yun	üan ⇒ yuan			

＊"uen" は前に子音がつくときは次のようにつづる。

d+uen ⇒ dun　　l+uen ⇒ lun　　g+uen ⇒ gun　...

練習1 発音してみよう。🎧 026

① yān yāng 　　② wān wāng 　　③ wēn wēng

④ yuǎn xuǎn 　　⑤ yūn xūn 　　⑥ yōng xiōng

練習2 音声を聴き、正しい母音に〇をつけよう。🎧 027

① chuān chuāng 　② wèn wèng 　　③ qián qiáng 　　④ qióng chóng

練習3 音声を聴き、聴こえたピンインを書こう。🎧 028

① ＿＿＿＿＿ 　② ＿＿＿＿＿ 　③ ＿＿＿＿＿ 　④ ＿＿＿＿＿

⑤ ＿＿＿＿＿ 　⑥ ＿＿＿＿＿ 　⑦ ＿＿＿＿＿ 　⑧ ＿＿＿＿＿

⑨ ＿＿＿＿＿ 　⑩ ＿＿＿＿＿ 　⑪ ＿＿＿＿＿ 　⑫ ＿＿＿＿＿

発音篇　第 3 課

1．声調の付け方

　　声調符号の位置は下記のようになる。

基本的に主要母音の上につける。a → o → e → i → u → ü の順になる。

① 'a' があれば 'a' の上につける。

② 'a' がなければ 'e' か 'o' の上につける。

③ 'iu' または 'ui' となった際、後ろにつける。

④ 'i' に声調符号をつける時、"・" は書かないで、ī í ǐ ì と書く。

2．声調の変化

（1）第三声の声調変化：第三声が二つ重なった時は、前の第三声は二声に発音する。

練習　発音してみよう。 🎧029

① nǐhǎo　　② kěyǐ　　③ zǎoqǐ　　④ yǔsǎn　　⑤ xǐshǒu

（2）"不 bù" の声調変化："不" は、一・二・三声の前では四声に、四声の前では二声に発音する。

練習　発音してみよう。 🎧030

① bùkāi bùhēi bùhē bùgāo　　② bùlái bùhuí bùxué bùxíng

③ bùmǎi bùhǎo bùxiě bùkě　　④ búyào búbài búqù búduì

13

（3）"一 yī" の声調変化："一" は、一・二・三声の前では四声に、四声の前では二声に発音する。

練習1 発音してみよう。🎧 031

① yìbēi yìzhī yìzhāng yìbān　　② yìhú yìzhí yìjié yìtiáo

③ yìbǐ yìběn yìbǎ yìbǎi　　④ yíshù yíyè yíxià yítiào

＊"一" は序数・粒読み・単語語尾では一声に発音する。

練習2 発音してみよう。🎧 032

① dìyīkè（第一课）　　② èrshiyī（21）

③ chūyī（初一）　　④ yīyuè（一月）

3．軽声

ある音節が本来の声調を失って、短く発音されること。他の音節の後に軽く添え、声調符号はつけない。

練習 発音してみよう。🎧 033

① māma　　② wǒde　　③ nǐne　　④ nǐmen

⑤ lèile　　⑥ hēba　　⑦ xiūxi　　⑧ piàoliang

4．r 化音

ある音が発音の過程で［r］の音（主に巻き舌音やはじき音）に変化する現象を指す。簡単に言うと、［r 化音］は、もともと［r］の音がない部分に［r っぽい音］が加わることを指す。

練習 発音してみよう。🎧 034

① huàr　　② zhèr　　③ nàr　　④ nǎr　　⑤ wánr　　⑥ kòngr

基本挨拶言葉

🎧 035

意味	こんにちは。	➡	こんにちは。
発音	Nǐ hǎo!		Nǐ hǎo!
簡体字	你好！		你好！
意味	おはようございます。	➡	おはようございます。
発音	Zǎoshang hǎo!		Zǎoshang hǎo!
簡体字	早上好！		早上好！
意味	こんばんは。	➡	こんばんは。
発音	Wǎnshang hǎo!		Wǎnshang hǎo!
簡体字	晚上好！		晚上好！
意味	皆さん、こんにちは。	➡	先生、こんにちは。
発音	Dàjiā hǎo!		Lǎoshī hǎo!
簡体字	大家好！		老师好！
意味	ありがとうございます。	➡	どういたしまして。
発音	Xièxie!		Bú kèqi!
簡体字	谢谢！		不客气！
意味	すみません。	➡	大丈夫です。
発音	Duì bu qǐ!		Méi guānxi!
簡体字	对不起！		没关系！
意味	さようなら。	➡	さようなら。
発音	Zàijiàn!		Zàijiàn!
簡体字	再见！		再见！

第 **1** 課

你 好!
Nǐ　hǎo!

主要文法要点

☐ **是**：「A是B」は「AはBです」。

	主語（A）	述語			語気助詞
		副詞	動詞	目的語（B）	
肯定文	我 Wǒ		是 shì	日本人。 Rìběnrén	
否定文	我 Wǒ	不 bú	是 shì	日本人。 Rìběnrén	
疑問文１	你 Nǐ		是 shì	日本人 Rìběnrén	吗? ma
疑問文２	你 Nǐ	是不是 shì bu shì		日本人? Rìběnrén	

☺ 質問に対する肯定の返事は"是"または"是的"、否定の返事は"不"または"不是"であるが、しばしば省略され、直接文で答えることも多い。

☐ **名前の尋ね方**：相手の年齢や親しさの度合により、尋ね方が異なる。

	尋ね方	答え方
年配 / 初対面の方	您贵姓? Nín guì xìng	我姓张。 Wǒ xìng Zhāng
同年代	你叫什么名字? Nǐ jiào shénme míngzi	我叫张梅。 Wǒ jiào Zhāng Méi

16

学習ポイント

⭐ **疑問詞「什么＋名詞」**：「何の〜」という意味を表す。

你叫 什么 名字?　　　あなたは何という名前ですか。
Nǐ jiào shénme míngzi?

➡ 我叫 张梅。　　　私は張梅と言います。
Wǒ jiào Zhāng Méi.

⭐ **疑問詞「吗」**：文末につけ、疑問文になる。
　　　　　　ma

你是留学生 吗?　　　あなたは留学生ですか。
Nǐ shì liúxuéshēng ma?

➡ 是，我是留学生。　　　はい、私は留学生です。
Shì, wǒ shì liúxuéshēng.

⭐ **人称代名詞**

	第一人称		第二人称		第三人称	
	単語	意味	単語	意味	単語	意味
単数	我 wǒ	私	你 nǐ	あなた	她 / 他 tā　　tā	彼女 / 彼
複数	我们 wǒmen	私たち	你们 nǐmen	あなたたち	她们 / 他们 tāmen　　tāmen	彼女たち / 彼ら

🎧 036 **もうちょっと知りましょう 1** ⋯⋯⋯⋯⋯⋯⋯ 国名と言語

	国名	発音	言語名	発音
中国	中国	Zhōngguó	汉语	Hànyǔ
日本	日本	Rìběn	日语	Rìyǔ
韓国	韩国	Hánguó	韩语	Hányǔ
アメリカ	美国	Měiguó	英语	Yīngyǔ

你好！

1. 田中：你好！你 叫 什么 名字？
   Nǐ hǎo! Nǐ jiào shénme míngzi?

2. 张梅：你好！我 姓 张，叫 张梅。
   Nǐ hǎo! Wǒ xìng Zhāng, jiào Zhāng Méi.

3. 田中：我 叫 田中康介。你 是 留学生 吗？
   Wǒ jiào Tiánzhōng Kāngjiè. Nǐ shì liúxuéshēng ma?

4. 张梅：是，我 是 中国 留学生。
   Shì, wǒ shì Zhōngguó liúxuéshēng.

5. 田中：认识 你 很 高兴！
   Rènshi nǐ hěn gāoxìng!

6. 张梅：认识 你，我 也 很 高兴！
   Rènshi nǐ, wǒ yě hěn gāoxìng!

単語

1. 你 nǐ【人称代詞】あなた
2. 好 hǎo【形容詞】よい、元気である
3. 你好 Nǐ hǎo こんにちは
4. 叫 jiào【動詞】～と言う
5. 什么 shénme【疑問詞】何
6. 名字 míngzi【名詞】名前
7. 我 wǒ【人称代詞】私
8. 姓 xìng【動詞】姓、～である
9. 是 shì【動詞】～である
10. 留学生 liúxuéshēng【名詞】留学生
11. 吗 ma【助詞】疑問文の語尾
12. 中国 Zhōngguó【名詞】中国
13. 认识 rènshi【動詞】知り合う
14. 很 hěn【副詞】とても
15. 高兴 gāoxìng【形容詞】嬉しい
16. 也 yě【副詞】も

固有名詞

1. 田中康介 Tiánzhōng Kāngjiè【人名】田中康介
2. 张梅 Zhāng Méi【人名】張梅

左の会話文をしっかりマスターしましょう。

一　下記の文を中国語で言ってみましょう。

1　こんにちは、あなたは何というお名前ですか。

2　こんにちは、私は張という苗字で、名前は張梅と言います。

3　私は田中康介と言います。あなたは留学生ですか。

4　はい、私は中国人留学生です。

5　お目にかかれて嬉しいです。

6　お目にかかれて私も嬉しいです。

二　下記のピンインを声を出して読みましょう。

1　Nǐ hǎo! Nǐ jiào shénme míngzi?

2　Nǐ hǎo! Wǒ xìng Zhāng, jiào Zhāng Méi.

3　Wǒ jiào Tiánzhōng Kāngjiè. Nǐ shì liúxuéshēng ma?

4　Shì, wǒ shì Zhōngguó liúxuéshēng.

5　Rènshi nǐ hěn gāoxìng!

6　Rènshi nǐ, wǒ yě hěn gāoxìng!

🚌 LISTENING－1　リスニング問題

🎧 **1** 音声を聴き、読まれた順に１〜４の番号を［　　］に書きなさい。
039

［　　］	［　　］	［　　］	［　　］
1. bō	pò	mǒ	fó

［　　］	［　　］	［　　］	［　　］
2. dé	tè	lē	gě

［　　］	［　　］	［　　］	［　　］
3. jí	qǐ	xū	qù

🎧 **2** 音声を聴き、聴こえた語句を中国語で書きなさい。
040

1. ［　　　　　　　　　　　　　］

2. ［　　　　　　　　　　　　　］

3. ［　　　　　　　　　　　　　］

4. ［　　　　　　　　　　　　　］

🎧 **3** 文章を聴き取り、その意味に基づき、下記の１〜４の文が正しいかを判断し、〇か×
041　を（　　）に書きなさい。

1. 张梅不是日本人。　　　（　　　　）

2. 张梅不是留学生。　　　（　　　　）

3. 张梅很高兴。　　　　　（　　　　）

4. 张梅是中国人。　　　　（　　　　）

メモ用紙

第 1 課

⇒ TRAINING−1 　トレーニング問題

1 下記の会話の女性の言葉に続く男性の言葉として、あり得るものを①〜④の中から一つ選びなさい。

1. 女性：你叫什么名字?

   男性：① 我是日本人。　 ② 我叫田中佑介。　 ③ 我姓田中。

   　　　④ 我是留学生。

2. 女性：我是中国留学生，认识你很高兴。

   男性：① 我是留学生。　 ② 你是留学生吗?　 ③ 我是中国人。

   　　　④ 我也很高兴。

2 次の文を中国語に訳しなさい。

1. 私は中国人です。

   ➡ _____

2. お目にかかれて嬉しいです。

   ➡ _____

3. 私は日本人ではなく、中国人留学生です。

   ➡ _____

4. あなたは何というお名前ですか。

   ➡ _____

3 下線の語句に対し、中国語で質問しなさい。

1. 我叫<u>田中康介</u>。

   ➡ _____

2. <u>是</u>，我是中国留学生。

   ➡ _____

3. 我姓<u>张</u>。

   ➡ _____

4 左と右が一つの文になるよう、線で結びなさい。

1. 我不是老师，　•　　　　　• 我也很高兴!

2. 我是留学生，　•　　　　　• 是北京人。

3. 认识你，　　　•　　　　　• 你是老师吗?

　　*北京 Běijīng【地名】北京　 老师 lǎoshī【名詞】先生

21

第2課 您 喝 什么?

Nín　hē　shénme?

主要文法要点

□ **動詞述語文**：AはBを〜する。

	主語（A）	述語			語気助詞
		副詞	動詞	目的語（B）	
肯定文	我 Wǒ		喝 hē	咖啡。 kāfēi	
否定文	我 Wǒ	不 bù	喝 hē	咖啡。 kāfēi	
疑問文 1	你 Nǐ		喝 hē	咖啡 kāfēi	吗? ma
疑問文 2	你 Nǐ	喝不喝 hē bu hē		咖啡? kāfēi	

□ **0〜10の数**

1	2	3	4	5	6	7	8	9	10	0
一 yī	二 èr	三 sān	四 sì	五 wǔ	六 liù	七 qī	八 bā	九 jiǔ	十 shí	零 líng

□ **11〜100の数**

11	12	13	14	15	16	17	18	19
十一 shíyī	十二 shí'èr	十三 shísān	十四 shísì	十五 shíwǔ	十六 shíliù	十七 shíqī	十八 shíbā	十九 shíjiǔ
20	30	40	50	60	70	80	99	100
二十 èrshí	三十 sānshí	四十 sìshí	五十 wǔshí	六十 liùshí	七十 qīshí	八十 bāshí	九十九 jiǔshíjiǔ	一百 yìbǎi

学習ポイント

⭐ **人民元（中国の紙幣）の単位**

書き言葉	元 yuán	角 jiǎo	分 fēn
話し言葉	块 kuài	毛 máo	分 fēn

＊1元＝10角　1角＝10分（1块＝10毛　1毛＝10分）

⭐ **疑問詞「什么」**：「何」という意味。

你喝 什么 ？　　　　　あなたは何を飲みますか。
Nǐ hē shénme?

⭐ **量詞**：物を数える時、数詞と名詞の間に量詞を入れる。

来一 个 面包。　　　　パン一つ下さい。
Lái yí ge miànbāo.

⭐ **疑問詞「多少」**：「（数量を問う）いくら、どれほど、どれだけ」という意味を表す。

一杯咖啡 多少 钱？　　コーヒー一杯いくらですか。
Yì bēi kāfēi duōshao qián?

⭐ **呢**：文末に置き、前と同じ内容を省略する時に使う。「省略疑問文」とも言う。

我要奶茶，你 呢 ？　　私はミルクティーにしますが、あなたは？
Wǒ yào nǎichá, nǐ ne?

您喝什么？

1 店员：请问，您 喝 什么？
　　　　　Qǐngwèn, nín hē shénme?

2 田中：我 喝 咖啡，一 杯 咖啡 多少 钱？
　　　　　Wǒ hē kāfēi, yì bēi kāfēi duōshao qián?

3 店员：二十五 块。
　　　　　Èrshiwǔ kuài.

4 田中：来 一 杯 咖啡，一 个 面包。
　　　　　Lái yì bēi kāfēi, yí ge miànbāo.

5 店员：一共 三十二 块。您 呢？
　　　　　Yígòng sānshi'èr kuài. Nín ne?

6 张梅：我 想 吃 蛋糕，喝 奶茶。
　　　　　Wǒ xiǎng chī dàngāo, hē nǎichá.

単語

1. 请 qǐng【動詞】～してください
2. 问 wèn【動詞】尋ねる
3. 请问 qǐng wèn お尋ねします
4. 您 nín【人称代詞】「你」の敬称
5. 喝 hē【動詞】飲む
6. 咖啡 kāfēi【名詞】コーヒー
7. 杯 bēi【量詞】杯
8. 多少 duōshǎo【疑問詞】いくつ
9. 钱 qián【名詞】お金
10. 多少钱 duōshao qián いくら
11. 块 kuài【量詞】元（中国の通貨）
12. 来 lái【動詞】来る、～を下さい（注文や買い物時に用いる）
13. 个 gè【量詞】個
14. 面包 miànbāo【名詞】パン
15. 一共 yígòng【副詞】合計で
16. 呢 ne【疑問詞】～は（省略疑問文とも言う）
17. 想 xiǎng【助動詞】～したい
18. 吃 chī【動詞】食べる
19. 蛋糕 dàngāo【名詞】ケーキ
20. 奶茶 nǎichá【名詞】ミルクティー

左の会話文をしっかりマスターしましょう。

一　下記の文を中国語で言ってみましょう。

1　すみません、何をお飲みになりますか？

2　コーヒーをお願いします。コーヒー一杯いくらですか。

3　二十五元です。

4　コーヒーを一杯、パンを一つください。

5　合計は三十二元です。あなたは？

6　私はケーキを食べ、ミルクティーにしたい。

二　下記のピンインを声を出して読みましょう。

1　Qǐngwèn, nín hē shénme?

2　Wǒ hē kāfēi, yì bēi kāfēi duōshao qián?

3　Èrshiwǔ kuài.

4　Lái yì bēi kāfēi, yí ge miànbāo.

5　Yígòng sānshi'èr kuài. Nín ne?

6　Wǒ xiǎng chī dàngāo, hē nǎichá.

25

🚌 LISTENING—2 リスニング問題

044

1 音声を聴き、聴こえた子音を[　]に書きなさい。

1. [　]á 　　　　[　]ā 　　　　[　]á 　　　　[　]ā

2. [　]í 　　　　[　]í 　　　　[　]í 　　　　[　]í

3. [　]ǎo 　　　[　]iǎo 　　　[　]ǔ 　　　　[　]ǔ

045

2 音声を聴き、聴こえた語句を中国語で書きなさい。

1. [　　　　　　　　　　]

2. [　　　　　　　　　　]

3. [　　　　　　　　　　]

4. [　　　　　　　　　　]

046

3 文章を聴き取り、その意味に基づき、下記の文が正しいかを判断し、○か×を（　）に書きなさい。

1. "我"吃面包。　　　　（　　　　）

2. 张梅也吃面包。　　　（　　　　）

3. "我"不喝咖啡。　　　（　　　　）

4. 张梅喝咖啡。　　　　（　　　　）

メモ用紙

26

第 2 課

⊟▶ TRAINING−2　トレーニング問題

1 下記の会話の女性の言葉に続く男性の言葉として、あり得るものを①〜④の中から一つ選びなさい。

1. 女性：你喝什么？

   男性：① 我吃面包。　② 你喝咖啡。　③ 一个。　④ 来一杯奶茶。

2. 女性：一个面包八块。

   男性：① 来一个。　② 您呢？　③ 我也喝咖啡。　④ 来一杯咖啡。

2 次の文を中国語に訳しなさい。

1. パン五個でいくらですか。

   ➡ ....

2. 緑茶を一杯ください。　　*緑茶 lǜchá 緑茶

   ➡ ....

3. あなたは何を飲みますか。

   ➡ ....

4. 全部で二十元です。

   ➡ ....

3 下線の語句に対し、中国語で質問しなさい。

1. 我喝<u>咖啡</u>。

   ➡ ....

2. 一杯奶茶<u>六块</u>。

   ➡ ....

3. 她<u>不</u>吃面包。

   ➡ ....

4 我<u>也</u>吃面包。

   ➡ ....

4 左と右が一つの文になるよう、線で結びなさい。

1. 我喝牛奶，　　•　　　　　•　你吃什么？

2. 我吃饺子，　　•　　　　　•　六块。

3. 我不喝奶茶，•　　　　　•　也不喝咖啡。

4. 一个包子，　　•　　　　　•　吃面包。

　*牛奶 niúnǎi【名詞】牛乳　饺子 jiǎozi【名詞】餃子　包子 bāozi【名詞】肉まん

27

第 3 課

你 忙 吗?
Nǐ máng ma?

主要文法要点

□ 形容詞述語文：「Aは～だ」。

	主語（A）	述語		語気助詞
		副詞	形容詞	
肯定文	我 Wǒ	很 hěn	好。 hǎo	
否定文	我 Wǒ	不 bù	好。 hǎo	
疑問文 1	你 Nǐ		好 hǎo	吗? ma
疑問文 2	你 Nǐ	好不好? hǎo bu hǎo		

😊 肯定文は述語の形容詞の前に"很 hěn，非常 fēicháng"などの程度副詞を付ける。"很 hěn"は軽く発音すれば「とても」という強い意味を持たない。

□ 主述述語文：述語部分が「主語＋述語」の構造になっている。

	主語（大）	述語（大）		語気助詞
		主語（小）	述語（小）	
肯定文	我 Wǒ	学习 xuéxí	很忙。 hěn máng	
否定文	我 Wǒ	学习 xuéxí	不忙。 bù máng	
疑問文 1	你 Nǐ	学习 xuéxí	忙。 máng	吗? ma
疑問文 2	你 Nǐ	学习 xuéxí	忙不忙。 máng bu máng	

28

第3課

学習ポイント

⭐ **介詞**：名詞や代詞の前に置く。場所、方向、時間、対象などを示す。

在：「在＋場所＋動詞」で「～で…する」。

你 在 哪儿打工？　　　　あなたはどこでアルバイトをしていますか。
Nǐ zài nǎr dǎgōng?

➡ 我 在 星巴克打工。　　私はスターバックスでアルバイトをしています。
Wǒ zài Xīngbākè dǎgōng.

⭐ **疑問詞「怎么样」**：「どうですか」の意味。

最近你学习 怎么样 ？　　最近、勉強はどうですか。
Zuìjìn nǐ xuéxí zěnmeyàng?

➡ 最近我学习 很忙。　　最近、勉強が忙しいです。
Zuìjìn wǒ xuéxí hěn máng.

⭐ **有点儿**：「有点儿＋形容詞」は「ちょっと～だ」。少しマイナスなニュアンスがある。

我打工 有点儿 忙。　　私はアルバイトで少し忙しいです。
Wǒ dǎgōng yǒudiǎnr máng.

🎧 **もうちょっと知りましょう ❷** 🐼 ⋯⋯⋯⋯⋯⋯⋯⋯⋯⋯⋯⋯ ファストフードについて
047

店名	簡体字	発音	フード名	簡体字	発音
マクドナルド	麦当劳	Màidāngláo	ハンバーガー	汉堡	Hànbǎo
ケンタッキー	肯德基	Kěndéjī	フライドポテト	薯条	Shǔtiáo
スターバックス	星巴克	Xīngbākè	ピザ	披萨	Pīsà

29

你忙吗?

1. 田中: 你 忙 吗?
   Nǐ máng ma?

2. 张梅: 我 很 忙。你 怎么样?
   Wǒ hěn máng. Nǐ zěnmeyàng?

3. 田中: 我 学习 不太 忙，打工 有点儿 忙。
   Wǒ xuéxí bútài máng, dǎgōng yǒudiǎnr máng.

4. 张梅: 你 在 哪儿 打工?
   Nǐ zài nǎr dǎgōng?

5. 田中: 我 在 星巴克 打工。
   Wǒ zài Xīngbākè dǎgōng.

6. 张梅: 我 常常 去 星巴克，那儿的 咖啡 非常 好喝。
   Wǒ chángcháng qù Xīngbākè, nàr de kāfēi fēicháng hǎohē.

単語

1. 忙 máng【形容詞】忙しい
2. 怎么样 zěnmeyàng【疑問詞】どうですか
3. 学习 xuéxí【動詞】勉強する
4. 不太～ bútài～ あまり～ではない
5. 打工 dǎgōng アルバイトをする
6. 有点儿 yǒudiǎnr【副詞】ちょっと～
7. 在 zài【介詞】～で
8. 哪儿 nǎr【疑問代詞】どこ
9. 常常 chángcháng【副詞】常に、よく
10. 去 qù【動詞】行く
11. 那儿 nàr【指示代詞】そこ、あそこ
12. 的 de【助詞】～の
13. 非常 fēicháng【副詞】非常に
14. 好喝 hǎohē【形容詞】美味しい（飲物）

固有名詞

1. 星巴克 Xīngbākè【名詞】スターバックス

左の会話文をしっかりマスターしましょう。

一　下記の文を中国語で言ってみましょう。

1　あなたは忙しいですか。

2　忙しいです。あなたはどうですか。

3　勉強はあまり忙しくないですが、アルバイトは少し忙しいです。

4　どこでアルバイトをしていますか？

5　スターバックスでアルバイトをしています。

6　私はよくスターバックスに行きます。そこのコーヒーはとても美味しいです。

二　下記のピンインを声を出して読みましょう。

1　Nǐ máng ma?

2　Wǒ hěn máng. Nǐ zěnmeyàng?

3　Wǒ xuéxí bútài máng, dǎgōng yǒudiǎnr máng.

4　Nǐ zài nǎr dǎgōng?

5　Wǒ zài Xīngbākè dǎgōng.

6　Wǒ chángcháng qù Xīngbākè, nàr de kāfēi fēicháng hǎohē.

🚌 LISTENING－3　リスニング問題

🎧 050
1 音声を聴き、聴こえた声調を［　　］に書きなさい。

　　[　][　]　　　　　[　][　]　　　　　[　][　]　　　　　[　][　]
1. jiqi　　　　　　jiqi　　　　　　kebo　　　　　　boke

　　[　][　]　　　　　[　][　]　　　　　[　][　]　　　　　[　][　]
2. xike　　　　　　tige　　　　　　hege　　　　　　keke

　　[　][　]　　　　　[　][　]　　　　　[　][　]　　　　　[　][　]
3. dayu　　　　　　toudu　　　　　　dayu　　　　　　toudu

🎧 051
2 音声を聴き、聴こえた語句を中国語で書きなさい。

1. [　　　　　　　　　　　　　　]

2. [　　　　　　　　　　　　　　]

3. [　　　　　　　　　　　　　　]

4. [　　　　　　　　　　　　　　]

🎧 052
3 文章を聴き取り、その意味に基づき、下記の文が正しいかを判断し、○か×を（　　）に書きなさい。

1. "我"学习很忙。　　　　　（　　　　　）

2. "我"打工不忙。　　　　　（　　　　　）

3. 张梅在星巴克打工。　　　（　　　　　）

4. 张梅常常喝咖啡。　　　　（　　　　　）

メモ用紙

第3課

▶ TRAINING−3 トレーニング問題

1 下記の会話の女性の言葉に続く男性の言葉として、あり得るものを①～④の中から一つ選びなさい。

1. 女性：我在星巴克打工。

   男性：① 我不打工。　② 你打工。　③ 我学习很忙。　④ 你怎么样？

2. 女性：你学习忙不忙？

   男性：① 忙吗？　② 有点儿忙。　③ 她很忙。　④ 我很好。

2 次の文を中国語に訳しなさい。

1. スターバックスのコーヒーは美味しいです。

   ➡ _____

2. 私は勉強がちょっと忙しいです。

   ➡ _____

3. アルバイトは忙しいですが、勉強はあまり忙しくないです。

   ➡ _____

4. 私は中国で留学をしています。　*留学 liúxué 留学する

   ➡ _____

3 下線の語句に対し、中国語で質問しなさい。

1. 我很<u>忙</u>。

   ➡ _____

2. 我在<u>星巴克</u>打工。

   ➡ _____

3. 我去星巴克喝<u>咖啡</u>。

   ➡ _____

4. 那儿的咖啡<u>非常</u>好喝。

   ➡ _____

4 左と右が一つの文になるよう、線で結びなさい。

1. 我工作不累，　　•　　　　• 你打工吗？

2. 我打工，　　　　•　　　　• 你喝吗？

3. 我在星巴克打工，•　　　　• 你怎么样？

4. 我常常喝绿茶，　•　　　　• 你在哪儿打工？

*累 lèi【形容詞】疲れる　工作 gōngzuò【名詞／動詞】仕事（する）

33

第 4 課　你家有几口人?
Nǐ jiā yǒu jǐ kǒu rén?

主要文法要点

□ **有**：所有を表す。「A有B」とは「AはBを持っている」。

	主語(A)	述語			語気助詞
		副詞	動詞	目的語(B)	
肯定文	我 Wǒ		有 yǒu	弟弟。 dìdi	
否定文	我 Wǒ	没 méi	有 yǒu	弟弟。 dìdi	
疑問文1	你 Nǐ		有 yǒu	弟弟 dìdi	吗? ma
疑問文2	你 Nǐ		有没有 yǒu méiyǒu	弟弟? dìdi	

□ **名詞述語文❶** 日付の言い方：～年　～月　～号(日)

2021年	6月	30号(日)
二〇二一　年 èrlíng èryī　nián	六　月 liù　yuè	三十　号　(日) sānshí hào　rì

＊何年と何月、何日の表し方が異なる。

　何月、何日は「几月、几号」と表現し、何年は「哪年」になる。
　　　　　　　　　　jǐyuè　jǐhào　　　　　　　　　　　nǎnián

　我今年二十岁。　　　　　私は今年二十歳です。
　Wǒ jīnnián èrshi suì.

　我的生日七月十一号。　　私の誕生日は七月十一日です。
　Wǒ de shēngrì qīyuè shíyī hào.

＊名詞述語文の否定型は「～不是」を用いる。

　我今年 不是 二十岁。　　私は今年二十歳ではありません。
　Wǒ jīnnián búshì èrshi suì.

34

学習ポイント

⭐ **年齢の尋ね方**：相手の年齢により、尋ね方が異なる。

	尋ね方	答え方
年配の方	您 多大 年纪？ Nín duōdà niánjì	我 68 岁。 Wǒ liùshibā suì
同年代の方	你 多大？ Nǐ duōdà	我 22 岁。 Wǒ èrshi'èr suì
子供	你 几岁？ Nǐ jǐ suì	我 5 岁。 Wǒ wǔ suì

＊文末に"了"をつけると「いくつになったか」という意味合いになる。

⭐ **疑問詞「多」**：「多＋形容詞」は「どれくらい〜か」という意味を表す。

你今年 多 大？　　　　　　　　　　　今年おいくつですか。
Nǐ jīnnián duō dà?

⭐ **疑問詞「几」**：「几」は「いくつ」という意味を表す。

你家有 几 口人？　　　　　　　　　　あなたは何人家族ですか。
Nǐ jiā yǒu jǐ kǒu rén?

⭐ **接続詞「和」**：「A 和 B」、名詞を3つ以上を並列する時は、「A、B 和 C」のようになる。

我家有爸爸、妈妈、弟弟 和 我。　　　私の家は、父・母・弟と私です。
Wǒ jiā yǒu bàba、māma、dìdi hé wǒ.

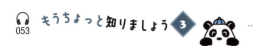

家族構成

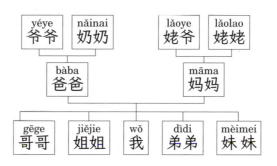

第 4 課

35

| 会話 | # 你家有几口人? |

054

1 田中：你　家　有　几　口　人?
　　　　Nǐ　jiā　yǒu　jǐ　kǒu　rén?

2 张梅：我　家　有　四　口　人，爸爸、妈妈、弟弟　和　我。
　　　　Wǒ　jiā　yǒu　sì　kǒu　rén,　bàba、　māma、　dìdi　hé　wǒ.

3 田中：你　今年　多大?
　　　　Nǐ　jīnnián　duōdà?

4 张梅：我　今年　二十　岁。
　　　　Wǒ　jīnnián　èrshi　suì.

5 田中：你　的　生日　几月　几号?
　　　　Nǐ　de　shēngrì　jǐ yuè　jǐ hào?

6 张梅：我　的　生日　七月　十一号。
　　　　Wǒ　de　shēngrì　qī yuè　shíyī hào.

7 田中：祝　你　生日　快乐!
　　　　Zhù　nǐ　shēngrì　kuàilè!

055 📖 **単語**

1. 家 jiā【名詞】家
2. 有 yǒu【動詞】いる、ある
3. 几 jǐ【疑問詞】いくつ
4. 口 kǒu【量詞】人（家族の人数を数える）
5. 人 rén【名詞】人
6. 爸爸 bàba【名詞】お父さん
7. 妈妈 māma【名詞】お母さん
8. 弟弟 dìdi【名詞】弟
9. 和 hé【接続詞】と
10. 今年 jīnnián【名詞】今年
11. 多 duō【疑問詞】どれくらい～
12. 大 dà【形容詞】大きい
13. 岁 suì【量詞】歳
14. 生日 shēngrì【名詞】誕生日
15. 月 yuè【名詞】月
16. 号 hào【名詞】日
17. 祝 zhù【動詞】祝う
18. 快乐 kuàilè【形容詞】楽しい

36

第 4 課

左の会話文をしっかりマスターしましょう。

一　下記の文を中国語で言ってみましょう。

1　あなたは何人家族ですか。

2　私は四人家族です。父、母、弟と私です。

3　あなたは今年おいくつですか？

4　私は今年二十歳です。

5　あなたの誕生日は何月何日ですか。

6　私の誕生日は七月十一日です。

7　おめでとうございます。

二　下記のピンインを声を出して読みましょう。

1　Nǐ jiā yǒu jǐ kǒu rén?

2　Wǒ jiā yǒu sì kǒu rén, bàba、māma、dìdi hé wǒ.

3　Nǐ jīnnián duōdà?

4　Wǒ jīnnián èrshi suì.

5　Nǐ de shēngrì jǐ yuè jǐ hào?

6　Wǒ de shēngrì qī yuè shíyī hào.

7　Zhù nǐ shēngrì kuàilè!

37

🚌 LISTENING－4 リスニング問題

056 **1** 音声を聴き、読まれた順に１～４の番号を［　　］に書きなさい。

1.
　　［　　］　　　　　［　　］　　　　　［　　］　　　　　［　　］
　　gōngzuò　　　　Hánguó　　　　búguò　　　　Měiguó

2.
　　［　　］　　　　　［　　］　　　　　［　　］　　　　　［　　］
　　jǐnzhāng　　　　fēicháng　　　　wǎnshang　　　hěnmáng

3.
　　［　　］　　　　　［　　］　　　　　［　　］　　　　　［　　］
　　zuìjìn　　　　　guìxìng　　　　lǚxíng　　　　yǒumíng

057 **2** 音声を聴き、聴こえた語句を中国語で書きなさい。

1. ［　　　　　　　　　　　　　　　　］

2. ［　　　　　　　　　　　　　　　　］

3. ［　　　　　　　　　　　　　　　　］

4. ［　　　　　　　　　　　　　　　　］

058 **3** 文章を聴き取り、その意味に基づき、下記の文が正しいかを判断し、〇か×を（　　）に書きなさい。

1. "我"家有五口人。　　　　　　　　（　　　　）

2. "我"妈妈不是中国人。　　　　　　（　　　　）

3. "我"妈妈四十八岁。　　　　　　　（　　　　）

4. "我"妈妈的生日十一月七号。　　　（　　　　）

メモ用紙

38

第 4 課

➡ **TRAINING－4** トレーニング問題

1 下記の会話の女性の言葉に続く男性の言葉として、あり得るものを①～④の中から一つ選びなさい。

1. 女性：你的生日是八月几号？

   男性：① 你的生日不是八月。　② 不是八号。　③ 十二号。
   　　　④ 祝你生日快乐！

2. 女性：你弟弟今年多大？

   男性：① 他的生日是二月三号。　② 他十五岁。　③ 你多大？
   　　　④ 我十八岁。

2 次の文を中国語に訳しなさい。

1. あなたの誕生日は何月何日ですか。

   ➡ _____

2. あなたは何人家族ですか。

   ➡ _____

3. 誕生日おめでとうございます。

   ➡ _____

4. あなたは今年おいくつですか。

   ➡ _____

3 下線の語句に対し、中国語で質問しなさい。

1. 我家有<u>四口</u>人。

   ➡ _____

2. 我今年<u>二十岁</u>。

   ➡ _____

3. 我爸爸的生日是<u>一月一号</u>。

   ➡ _____

4 左と右が一つの文になるよう、線で結びなさい。

1. 我家有四口人，　　　•　　　　　• 是我的生日。
2. 我今年二十岁，　　　•　　　　　• 你家呢？
3. 我有一个中国朋友，•　　　　　• 你今年多大？
4. 明天六号，　　　　　•　　　　　• 他今年十八岁。

　　*明天 míngtiān【名詞】明日　朋友 péngyou【名詞】友達

39

第 5 課 你 每天 几 点 起床?
Nǐ měitiān jǐ diǎn qǐchuáng?

主要文法要点

☐ **時点**：時点を表す言葉は主語または動詞句の前に置き、「いつ～する」という意味。

我 七点 起床。　　私は七時に起きます。
Wǒ qī diǎn qǐchuáng.

☐ **時刻の表し方**

時刻	発音	漢字表記	時刻	発音	漢字表記
1:00	yī diǎn	一点	2:03	liǎng diǎn líng sān fēn	两点零三分
3:15	sān diǎn shíwǔ fēn / sān diǎn yí kè	三点十五分 / 三点一刻	4:30	sì diǎn sānshí fēn / sì diǎn bàn	四点三十分 / 四点半
5:45	wǔ diǎn sìshíwǔ fēn / wǔ diǎn sān kè	五点四十五分 / 五点三刻	5:57	wǔ diǎn wǔshíqī fēn / chà sān fēn liù diǎn	五点五十七分 / 差三分六点

＊**一日の時刻の言い方**：12時まではそのままの時刻で言います。正午過ぎると"下午"1時のように時刻の前に"下午"を付けます。夕方6時からは時刻の前に"晚上"を付けます。例えば、

15時 ➡ 下午3点 xiàwǔ sān diǎn　　　23時 ➡ 晚上11点 wǎnshang shíyī diǎn

☐ **連動文**：動詞句＋動詞句

	主語	述語			語気助詞
		副詞	動詞句1	動詞句2	
肯定文	我 Wǒ		去（学校） qù xuéxiào	跑步。 pǎobù	
否定文	我 Wǒ	不 bú	去（学校） qù xuéxiào	跑步。 pǎobù	
疑問文1	你 Nǐ		去（学校） qù xuéxiào	跑步 pǎobù	吗? ma
疑問文2	你 Nǐ		去不去（学校） qù bu qù xuéxiào	跑步? pǎobù	

第5課

学習ポイント

⭐ **動詞の重ね型**：同じ動詞を重ねると、時間や回数が少ないこと、気楽に行なうことを表し、口調を和らげる働きをする。「ちょっと〜する、〜してみる」。

種類	原型	重ね型
単音節動詞	看 书 kàn shū	看看 书 kànkan shū
二音節動詞	学习 汉语 xuéxí Hànyǔ	学习学习 汉语 xuéxixuéxi Hànyǔ
離合動詞	跑步 pǎobù	跑跑 步 pǎopao bù

⭐ **介詞「从〜到〜」**：「〜から〜まで」という意味。

从 我家 到 学校 很远。　　家から学校まで遠いです。
Cóng wǒ jiā dào xuéxiào hěn yuǎn.

⭐ **疑問詞「怎么」**：「怎么＋動詞」は、「どう〜／どのように〜」になる。

你 怎么 去学校?　　　➡ 我坐电车去学校。
Nǐ zěnme qù xuéxiào?　　　Wǒ zuò diànchē qù xuéxiào.
どうやって学校に行きますか。　　私は電車で学校に行きます。

⭐ **日にちを表す言葉**：

毎日	一昨日	昨日	今日	明日	明後日
每天 měitiān	前天 qiántiān	昨天 zuótiān	今天 jīntiān	明天 míngtiān	后天 hòutiān

🎧 059 **もうちょっと知りましょう ④** .... 趣味によく使う表現

漢字	発音	意味	漢字	発音	意味
逛街	guàngjiē	街を散歩する	玩游戏	wán yóuxì	ゲームで遊ぶ
打网球	dǎ wǎngqiú	テニスをする	跳舞	tiàowǔ	ダンスをする
打棒球	dǎ bàngqiú	野球をする	唱歌	chànggē	歌を歌う
看书	kànshū	読書する	做菜	zuòcài	料理をする

41

你每天几点起床?

1 张梅: 你 每天 早上 几 点 起床?
　　　　 Nǐ měitiān zǎoshang jǐ diǎn qǐchuáng?

2 田中: 我 五 点 半 起床。
　　　　 Wǒ wǔ diǎn bàn qǐchuáng.

3 张梅: 起床 以后, 你 做 什么?
　　　　 Qǐchuáng yǐhòu, nǐ zuò shénme?

4 田中: 看看 书, 上上 网, 有时候 去 跑跑 步。
　　　　 Kànkan shū, shàngshang wǎng, yǒushíhou qù pǎopao bù.

5 张梅: 你 几 点 去 学校?
　　　　 Nǐ jǐ diǎn qù xuéxiào?

6 田中: 我 七 点 去 学校, 从 我 家 到 学校 很 远。
　　　　 Wǒ qī diǎn qù xuéxiào, cóng wǒ jiā dào xuéxiào hěn yuǎn.

7 张梅: 你 怎么 去 学校?
　　　　 Nǐ zěnme qù xuéxiào?

8 田中: 我 坐 电车 去 学校。
　　　　 Wǒ zuò diànchē qù xuéxiào.

単語

1. 每天 měitiān【名詞】普段、いつも
2. 早上 zǎoshang【名詞】朝
3. 点 diǎn【量詞】～時
4. 起床 qǐchuáng【動詞】起きる
5. 半 bàn【数詞】半、30分
6. 以后 yǐhòu【名詞】～の後
7. 做 zuò【動詞】する、作る
8. 看 kàn【動詞】見る、読む
9. 书 shū【名詞】本
10. 上网 shàngwǎng ネットを見る
11. 有时候 yǒushíhou 時には
12. 跑步 pǎobù ジョギングする
13. 学校 xuéxiào【名詞】学校
14. 从～到～ cóng ～ dào ～【介詞】～から～まで
15. 远 yuǎn【形容詞】遠い
16. 怎么 zěnme【疑問詞】どのように～
17. 坐 zuò【動詞】乗る
18. 电车 diànchē【名詞】電車

第 5 課

左の会話文をしっかりマスターしましょう。

一 下記の文を中国語で言ってみましょう。

1 あなたは毎朝何時に起きますか？

2 私は五時半に起きます。

3 起きたあと、何をしますか？

4 本を読んだり、ネットをしたり、時々ジョギングに行ったりします。

5 あなたは何時に学校へ行きますか。

6 七時に学校に行きます。私の家から学校まで遠いです。

7 あなたはどうやって学校へ行きますか。

8 私は電車で行きます。

二 下記のピンインを声を出して読みましょう。

1 Nǐ měitiān zǎoshang jǐ diǎn qǐchuáng?

2 Wǒ wǔ diǎn bàn qǐchuáng.

3 Qǐchuáng yǐhòu, nǐ zuò shénme?

4 Kànkan shū, shàngshang wǎng, yǒushíhou qù pǎopao bù.

5 Nǐ jǐ diǎn qù xuéxiào?

6 Wǒ qī diǎn qù xuéxiào, cóng wǒ jiā dào xuéxiào hěn yuǎn.

7 Nǐ zěnme qù xuéxiào?

8 Wǒ zuò diànchē qù xuéxiào.

43

🚌 LISTENING－5 リスニング問題

🎧 062 **1** 音声を聴き、聴こえた声調を [   ] に書きなさい。

1. [ ] [ ] xingqi   [ ] [ ] shengri   [ ] [ ] xinku   [ ] [ ] jinnian

2. [ ] [ ] xuexiao   [ ] [ ] zuotian   [ ] [ ] shenme   [ ] [ ] meiyou

3. [ ] [ ] meitian   [ ] [ ] qichuang   [ ] [ ] paobu   [ ] [ ] zaoshang

🎧 063 **2** 音声を聴き、聴こえた語句を中国語で書きなさい。

1. [   ]

2. [   ]

3. [   ]

4. [   ]

🎧 064 **3** 文章を聴き取り、その意味に基づき、下記の文が正しいかを判断し、○か×を（   ）に書きなさい。

1. "我"八点起床。　　　　（　　　）

2. "我"早上看书。　　　　（　　　）

3. "我"五点半去学校。　　（　　　）

4. "我"坐电车去学校。　　（　　　）

メモ用紙

44

第 5 課

▶ TRAINING−5 トレーニング問題

1 下記の会話の女性の言葉に続く男性の言葉として、あり得るものを①〜④の中から一つ選びなさい。

1. 女性：你每天早上几点起床？

   男性：① 不是每天。　② 你六点起床。　③ 六点。　④ 我每天早上跑步。

2. 女性：起床以后你常常做什么？

   男性：① 喝一杯咖啡。　② 不起床。　③ 很高兴。　④ 你看书吗？

2 次の文を中国語に訳しなさい。

1. あなたは毎日何時に起きますか。

   ➡ ....

2. 教室から図書館まで遠いですか。　　*教室 jiàoshì 教室　图书馆 túshūguǎn 図書館

   ➡ ....

3. 朝、家で本を読んだり、時にはジョギングに行ったりします。

   ➡ ....

4. 私は電車でアルバイトに行きます。

   ➡ ....

3 下線の語句に対し、中国語で質問しなさい。

1. 我每天<u>六点</u>起床。

   ➡ ....

2. 晚上我常常在家<u>看书</u>。

   ➡ ....

3. 我常常去<u>星巴克</u>学习。

   ➡ ....

4. 我<u>坐电车</u>去学校。

   ➡ ....

4 左と右が一つの文になるよう、線で結びなさい。

1. 我七点去学校，　　　　•　　　　•　我常常看书。

2. 起床以后，　　　　　　•　　　　•　九点上课。

3. 我骑自行车去学校，　　•　　　　•　有时候去买东西。

4. 我有时候在家上网，　　•　　　　•　你怎么去学校？

   *上课 shàngkè 授業が始まる　骑自行车 qí zìxíngchē 自転車に乗る　买东西 mǎi dōngxi 買い物する

45

第6課 你 在 哪儿?

Nǐ zài nǎr?

主要文法要点

□ **有**：存在を表す。「A有B」とは「AにはBがある / いる」。

	主語（A）	述語			語気助詞
		副詞	動詞	目的語（B）	
肯定文	车站附近 Chēzhàn fùjìn		有 yǒu	图书馆。 túshūguǎn	
否定文	车站附近 Chēzhàn fùjìn	没 méi	有 yǒu	图书馆。 túshūguǎn	
疑問文 1	车站附近 Chēzhàn fùjìn		有 yǒu	图书馆 túshūguǎn	吗? ma
疑問文 2	车站附近 Chēzhàn fùjìn		有没有 yǒu méiyǒu	图书馆? túshūguǎn	

□ **在**：所在を表す。「A在B」は「AはBにある / いる。」"在"の後に場所が来る。主語はどれを指しているかがはっきりするものに限られる。したがって数量詞は付かない。

	主語（A）	述語			語気助詞
		副詞	動詞	目的語（B）	
肯定文	图书馆 Túshūguǎn		在 zài	车站旁边。 chēzhàn pángbiān	
否定文	图书馆 Túshūguǎn	不 bú	在 zài	车站旁边。 chēzhàn pángbiān	
疑問文 1	图书馆 Túshūguǎn		在 zài	车站旁边 chēzhàn pángbiān	吗? ma
疑問文 2	图书馆 Túshūguǎn		在不在 zài bu zài	车站旁边? chēzhàn pángbiān	

第 6 課

学習ポイント

⭐ **方位詞**：名詞の後に付き、場所を示す。名詞との間の「的」を省略することが多い。

上	下	前	後	中	外
上边 shàngbian	下边 xiàbian	前边 qiánbian	后边 hòubian	〜里 / 里边 lǐ　lǐbian	外边 wàibian

⭐ **動作・時間量**：動作時間の長さを表し、動詞の後に置く。

一年	二か月	三週間	四日	五時間	六分間
一年 yìnián	两个月 liǎngge yuè	三个星期 sānge xīngqī	四天 sìtiān	五个小时 wǔge xiǎoshí	六分钟 liù fēnzhōng

⭐ **曜日の言い方**：星期〜

月曜日	火曜日	水曜日	木曜日	金曜日	土曜日
星期一 xīngqī yī	星期二 xīngqī èr	星期三 xīngqī sān	星期四 xīngqī sì	星期五 xīngqī wǔ	星期六 xīngqī liù

日曜日
星期天（日） xīngqī tiān　rì

⭐ **疑問詞「多长时间」**：動作・時間量を表す、「どのくらい（時間）」という意味。

走路要 多长时间 ？　　　歩いて行くにはどのくらい時間がかかりますか。
Zǒulù yào duōcháng shíjiān?

⭐ **疑問詞「什么时候」**：「いつ」という意味。動作の行われる時間を表す。

你 什么时候 去图书馆？　　あなたはいつ図書館に行きますか。
Nǐ shénme shíhou qù túshūguǎn?

⭐ **吧**：「〜しよう、だろう」。文末につけて勧誘・提案・推測等の意を表す。

我们一起吃饭 吧 。　　　　一緒に食事をしましょう。
Wǒmen yìqǐ chīfàn ba!

今天是星期六 吧 。　　　　今日は土曜日でしょう。
Jīntiān shì xīngqī liù ba.

47

会話 你在哪儿?(電話中)

065

1 张梅: 你 在 哪儿?
　　　　Nǐ　zài　nǎr?

2 田中: 我 在 车站。
　　　　Wǒ　zài　chēzhàn.

3 张梅: 车站 附近 有 图书馆 吗?
　　　　Chēzhàn　fùjìn　yǒu　túshūguǎn　ma?

4 田中: 有。在 车站 后边。
　　　　Yǒu.　Zài　chēzhàn　hòubian.

5 张梅: 走路 要 多长时间?
　　　　Zǒulù　yào　duōcháng shíjiān?

6 田中: 大概 要 五分钟。
　　　　Dàgài　yào　wǔ fēnzhōng.

7 张梅: 对了,你 什么时候 有 时间? 我们 一起 吃饭 吧。
　　　　Duìle,　nǐ　shénme shíhou　yǒu　shíjiān?　Wǒmen　yìqǐ　chīfàn　ba.

8 田中: 好 啊! 那 星期三 晚上 吧!
　　　　Hǎo　a!　Nà　xīngqī sān　wǎnshang　ba!

066 📖 単語 ────────────

1. 在 zài【動詞】～にいる、～にある
2. 车站 chēzhàn【名詞】駅
3. 附近 fùjìn【名詞】付近
4. 图书馆 túshūguǎn【名詞】図書館
5. 后边 hòubian【方位詞】後方
6. 走路 zǒulù（道を）歩く
7. 要 yào【動詞】（時間が）かかる
8. 多长时间 duōcháng shíjiān どれくらいの時間
9. 大概 dàgài【副詞】だいたい
10. 分钟 fēnzhōng【量詞】～分間

11. 对了 duìle そうだ（話題を変える時）
12. 什么时候 shénme shíhou いつ
13. 时间 shíjiān【名詞】時間
14. 我们 wǒmen【人称代詞】私たち
15. 一起 yìqǐ【副詞】一緒に
16. 吃饭 chī fàn ご飯を食べる
17. 吧 ba【助詞】～しよう、だろう
18. 那 nà【接続詞】では
19. 星期三 xīngqī sān【名詞】水曜日
20. 晚上 wǎnshang【名詞】夜

左の会話文をしっかりマスターしましょう。

一　下記の文を中国語で言ってみましょう。

1. あなたは今どこにいますか？

2. 私は駅にいます。

3. 駅の近くに図書館がありますか？

4. あります。駅の後ろにあります。

5. 徒歩でどのくらい（時間）がかかりますか？

6. 大体五分かかります。

7. そうだ、あなたはいつ時間がありますか？　一緒に食事しませんか？

8. いいですよ！　では、水曜日の夜にしましょう。

二　下記のピンインを読みましょう。

1. Nǐ zài nǎr?

2. Wǒ zài chēzhàn.

3. Chēzhàn fùjìn yǒu túshūguǎn ma?

4. Yǒu. Zài chēzhàn hòubian.

5. Zǒulù yào duōcháng shíjiān?

6. Dàgài yào wǔ fēnzhōng.

7. Duìle, nǐ shénme shíhou yǒu shíjiān? Wǒmen yìqǐ chīfàn ba.

8. Hǎo a! Nà xīngqī sān wǎnshang ba!

🚌 LISTENING−6　リスニング問題

🎧 067

1 音声を聴き、読まれた順に１〜４の番号を [　] に書きなさい。

　　　[　]　　　　　 [　]　　　　　 [　]　　　　　 [　]
1. yíxià　　　huíjiā　　　yínháng　　　yīngyǔ

　　　[　]　　　　　 [　]　　　　　 [　]　　　　　 [　]
2. jièshào　　　jiǎozi　　　miànbāo　　　àihào

　　　[　]　　　　　 [　]　　　　　 [　]　　　　　 [　]
3. chēzhàn　　　jiǔdiàn　　　qiánbiān　　　fāngbiàn

🎧 068

2 音声を聴き、聴こえた文章を中国語で書きなさい。

1. [　　　　　　　　　　　　　　　　]

2. [　　　　　　　　　　　　　　　　]

3. [　　　　　　　　　　　　　　　　]

4. [　　　　　　　　　　　　　　　　]

🎧 069

3 文章を聴き取り、その意味に基づき、下記の文が正しいかを判断し、○か×を（ 　 ） に書きなさい。

1. "我"家离车站很远。　　　　　　　（ 　　 ）

2. 从"我"家到车站走路要四分钟。　　（ 　　 ）

3. "我"家附近没有图书馆。　　　　　（ 　　 ）

4. 从车站到图书馆走路要十分钟。　　（ 　　 ）

メモ用紙

第 6 課

⇒ TRAINING−6　トレーニング問題

1 下記の会話の女性の言葉に続く男性の言葉として、あり得るものを①〜④の中から一つ選びなさい。

1. 女性：学校附近有什么?

　　男性：① 在附近。　② 没有。　③ 星巴克。　④ 有时间。

2. 女性：你家在哪儿?

　　男性：① 在那儿。　② 是的。　③ 在吗?　④ 我家附近。

2 次の文を中国語に訳しなさい。

1. あなたの学校はどこにありますか。

　⇒

2. 家から大学まではどれくらいかかりますか。　　*大学 dàxué 大学

　⇒

3. 図書館の前に何がありますか。　　*前边 qiánbian 前

　⇒

4. 日曜日一緒にコーヒーを飲みに行きましょう。

　⇒

3 下線の語句に対し、中国語で質問しなさい。

1. 从我家到车站要<u>十五分钟</u>。

　⇒

2. 我<u>星期三晚上</u>有时间。

　⇒

3. 图书馆在<u>车站后边</u>。

　⇒

4. 我家附近<u>没有</u>星巴克。

　⇒

4 左と右が一つの文になるよう、線で結びなさい。

1. 我弟弟在中国,　　•　　　　•　很方便。

2. 她家在学校附近,　•　　　　•　我在日本。

3. 我们一起吃饭,　　•　　　　•　你有时间吗?

4. 这儿附近有超市,　•　　　　•　她走路去学校。

*这儿 zhèr【代词】ここ　超市 chāoshì【名词】スーパー　方便 fāngbiàn【形容词】便利だ

51

第 7 課 我 想 去 旅行。
Wǒ xiǎng qù lǚxíng.

主要文法要点

□ **助動詞**：動詞句の前に置いて、「〜したい / 〜しなければならない / 〜すべきである」などの意味を表す。

	主語	述語			語気助詞
		副詞	助動詞	動詞句	
肯定文	我 Wǒ		想 xiǎng	去旅行。 qù lǚxíng	
否定文	我 Wǒ	不 bù	想 xiǎng	去旅行。 qù lǚxíng	
疑問文1	你		想 xiǎng	去旅行 qù lǚxíng	吗? ma
疑問文2	你 Nǐ	想不想 xiǎng bu xiǎng		去旅行? qù lǚxíng	

☺ "要"は「〜したい」という意味の時、否定は「不想〜」になる。「不要〜」は、主語によって、「〜してはいけない」という意味になる。

主な助動詞とその関連語	
能：〜できる［能力・条件］	不能：〜できない［能力の否定］
会：〜できる［技能］	不会：〜できない［技能の否定］
可以：〜できる［許可・条件］	不能：〜できない［許可・条件の否定］
要・想・愿意：〜したい［願望］	不想・不愿意：〜したくない［願望の否定］
不用：〜しなくともよい［不必要］	不要・别：〜するな［禁止］
要・应该・得(děi)・必须：〜しなければならない / 〜すべきである［必要・義務］	

☐ **状態補語**：動作の行われる様子や程度を表す。「…するのが〜だ。」

	主語	動詞句	同じ動詞	得	状態補語	語気助詞
肯定文	我 Wǒ	说 汉语 shuō Hànyǔ	说 shuō	得 de	很好。 hěn hǎo	
否定文	我 Wǒ	说 汉语 shuō Hànyǔ	说 shuō	得 de	不好。 bùhǎo	
疑問文 1	你 Nǐ	说 汉语 shuō Hànyǔ	说 shuō	得 de	好 hǎo	吗? ma
疑問文 2	你 Nǐ	说 汉语 shuō Hànyǔ	说 shuō	得 de	好不好? hǎo bu hǎo	

学習ポイント

⭐ **疑問詞「为什么」**：「なぜ〜、どうして〜」の意味。答える時に、「因为〜」を用いる。

你 为什么 不能去?　　　　　　　　あなたはなぜ行けないの。

因为 没有时间。　　　　　　　　　なぜなら、時間がないからだ。

⭐ **因为〜，所以〜**：「〜だから、〜する」という意味。
suǒyǐ

因为 不会游泳，所以 想学习。　泳げないから、習いたい。

⭐ **喜欢**：「〜（するの）が好き」という意味。目的語は動詞句が多い。

我 喜欢 滑雪。　　　　　　　　　スキーが好き。

⭐ **趣味についての尋ね方**：

你的 爱好 是什么?　　あなたの趣味は何?

➡ 我喜欢滑雪。我的爱好是滑雪。

你有什么 爱好?　　あなたはどんな趣味があるの?

➡ 我的爱好是滑雪。

53

我想去旅行。

1 张梅： 今年 寒假，你 有 什么 打算？
　　　　Jīnnián hánjià, nǐ yǒu shénme dǎsuàn?

2 田中： 我 想 去 旅行，还 想 去 滑雪。你 呢？
　　　　Wǒ xiǎng qù lǚxíng, hái xiǎng qù huáxuě. Nǐ ne?

3 张梅： 我 要 学 游泳。你 会 游泳 吗？
　　　　Wǒ yào xué yóuyǒng. Nǐ huì yóuyǒng ma?

4 田中： 会，能 游100米 吧。
　　　　Huì, néng yóu yìbǎi mǐ ba.

5 张梅： 你 为什么 游得 那么 好？
　　　　Nǐ wèishénme yóude nàme hǎo?

6 田中： 因为 我 的 爱好 是 游泳，我 非常 喜欢。
　　　　Yīnwèi wǒ de àihào shì yóuyǒng, wǒ fēicháng xǐhuan.

7 张梅： 可以 教教 我 吗？
　　　　Kěyǐ jiāojiao wǒ ma?

8 田中： 好啊，没问题！
　　　　Hǎo a, méi wèntí!

単語

1. 寒假 hánjià【名詞】冬休み
2. 打算 dǎsuan【名/助動詞】予定、するつもり
3. 旅行 lǚxíng【名/動詞】旅行、旅行する
4. 还 hái【副詞】また
5. 滑雪 huá xuě スキーをする
6. 要 yào【助動詞】〜したい、〜する予定
7. 游泳 yóuyǒng【動詞】泳ぐ
8. 会 huì【助動詞】（習得して）できる
9. 能 néng【助動詞】〜できる
10. 游 yóu【動詞】泳ぐ
11. 米 mǐ【量詞】メートル
12. 为什么 wèishénme なぜ、どうして
13. 得 de【助詞】（文法「状態補語」を参照）
14. 那么 nàme【指示代詞】あんな〜
15. 因为 yīnwèi【接続詞】なぜなら〜
16. 爱好 àihào【名詞】趣味
17. 喜欢 xǐhuan【動詞】〜好き
18. 可以 kěyǐ【助動詞】〜できる（許可・条件）
19. 教 jiāo【動詞】教える
20. 没问题 méi wèntí 大丈夫だ

第 7 課

左の会話文をしっかりマスターしましょう。

一 下記の文を中国語で言ってみましょう。

1. 今年の冬休みに、あなたは何を予定していますか。

2. 私は旅行に行きたい。スキーも行きたいです。あなたは？

3. 水泳を習いたい。あなたは泳げますか。

4. はい、百メートルぐらい泳げます。

5. どうしてそんな上手に泳げるんですか。

6. 私の趣味は泳ぐことだ。とっても好きだから。

7. 私に教えてもらえますか。

8. いいですよ。問題ないです。

二 下記のピンインを声を出して読みましょう。

1. Jīnnián hánjià, nǐ yǒu shénme dǎsuàn?

2. Wǒ xiǎng qù lǚxíng, hái xiǎng qù huáxuě. Nǐ ne?

3. Wǒ yào xué yóuyǒng. Nǐ huì yóuyǒng ma?

4. Huì, néng yóu yìbǎi mǐ ba.

5. Nǐ wèi shénme yóude nàme hǎo?

6. Yīnwèi wǒ de àihào shì yóuyǒng, wǒ fēicháng xǐhuan.

7. Kěyǐ jiāojiao wǒ ma?

8. Hǎo a! Méi wènti!

55

🚌 LISTENING−7　リスニング問題

1 音声を聴き、聴こえた子音を [　　] に書きなさい。

1. [　]ái [　]ǎo　　[　]àng [　]ià　　[　]ī [　]àn　　[　]án [　]uá

2. [　]īn [　]èi　　[　]èn [　]í　　[　]ǐ [　]òu　　[　]ì [　]ǐ

3. [　]iǎo [　]í　　[　]ì [　]i　　[　]ǒu [　]ì　　[　]uǒ [　]ǐ

2 音声を聴き、聴こえた語句を中国語で書きなさい。

1. [　　　　　　　　　　　　　　　]

2. [　　　　　　　　　　　　　　　]

3. [　　　　　　　　　　　　　　　]

4. [　　　　　　　　　　　　　　　]

3 文章を聴き取り、その意味に基づき、下記の文が正しいかを判断し、〇か×を（　　　）に書きなさい。

1. "我" 想寒假去上海。　　　　　（　　　　　）

2. "我" 想去旅行。　　　　　　　（　　　　　）

3. "我" 不想去中国。　　　　　　（　　　　　）

4. "我" 想去上海学习汉语。　　　（　　　　　）

メモ用紙

第7課

⟹ TRAINING−7 トレーニング問題

1 下記の会話の女性の発話に続く男性の言葉として、あり得るものを①〜④の中から選びなさい（複数可）。

1. 女性：8月我要去留学。

   男性：① 去哪儿？　② 学习英语吗？　③ 学习什么？　④ 我不想学习。

2. 女性：寒假你想做什么？

   男性：① 我不在家。　② 去旅行。　③ 没有什么打算。　④ 学习英语。

2 次の文を中国語に訳しなさい。

1. 土曜日に、あなたは何を予定していますか。

   ➡ ────────────────────────────────

2. 私は中国語を話すのが上手ではないです。

   ➡ ────────────────────────────────

3. あなたは誰と一緒に行きたいのですか。　*谁 shuí / shéi 誰

   ➡ ────────────────────────────────

4. アメリカへ旅行に行きたいので、（だから）英語を勉強します。

   ➡ ────────────────────────────────

3 下記の質問に否定文で答えなさい。

1. 你打网球打得好吗？　*打网球 dǎ wǎmgqiú テニスをする

   ➡ ────────────────────────────────

2. 星期天你有什么打算？

   ➡ ────────────────────────────────

3. 你喜欢滑雪吗？

   ➡ ────────────────────────────────

4. 你想去北京旅行吗？

   ➡ ────────────────────────────────

4 左と右が一つの文になるよう、線で結びなさい。

1. 我想在家看电视，　　•　　　• 你会不会？
2. 我喜欢说汉语，　　　•　　　• 你也喜欢吗？
3. 我不会打网球，　　　•　　　• 所以不能一起吃饭。
4. 今天晚上要去朋友家，•　　　• 不想出去。

*说 shuō【動詞】話す　看电视 kàn diànshì テレビを見る　出去 chūqù【動詞】出かける

57

第 **8** 課

我 买 了 一 台 笔记本 电脑。
Wǒ mǎi le yì tái bǐjìběn diànnǎo.

主要文法要点

□ **了（1）**：動詞の後につく"了"は動作の完了を表す。「Aは〜した。」

	主語	述語					語気助詞
		副詞	動詞	了	数量詞	目的語	動詞句	

	主語	副詞	動詞	了	数量詞	目的語	動詞句	語気助詞
肯定文 1	我 Wǒ		买 mǎi					了。 le
肯定文 2	我 Wǒ		买 mǎi			手机 shǒujī		了。 le
肯定文 3	我 Wǒ		买 mǎi	了 le	一个 yí ge	手机。 shǒujī		
肯定文 4	我 Wǒ		买 mǎi	了 le		手机 shǒujī	就 回家。 jiù huíjiā	
否定文	我 Wǒ	没 méi	买 mǎi			手机。 shǒujī		
疑問文 1	你 Nǐ		买 mǎi			手机 shǒujī		了吗? le ma
疑問文 2	你 Nǐ	买 没买 mǎi méimǎi				手机? shǒujī		

□ **了（2）**：形容詞、名詞、動詞など全体の後につき、「〜になった」。また「近い将来に〜になる」という事態の変化を表す時、「要〜了」を用いる。

	〜になった	近い将来に〜になる
形容詞	天 冷 了。 Tiān lěng le	天 (快) 要 冷 了。 Tiān kuài yào lěng le
名詞	我 十八岁 了。 Wǒ shíbā suì le	我 (快) 要 十八岁 了。 Wǒ kuài yào shíbā suì le
動詞	她 哭 了。 Tā kū le	她 (快) 要 哭 了。 Tā kuài yào kū le

第8課

学習ポイント

⭐ **不能〜了**：「〜できなくなった」という意味。

我的手机 不能 用 了。　　私の携帯は使えなくなった。

⭐ **该〜了**：「〜すべき」「〜する時間だ」という意味。

该 回家 了。　　　　　　　家に帰る時間だ。

⭐ **時間＋才**：その時間が遅いことを強調する。「やっと」という意味。「時間＋就〜了」と
逆の意味。

九点 才 回家。　　　　　　九時にやっと家に帰った。

九点 就 回家 了。　　　　　九時にもう家に帰った。

🎧 075 **もうちょっと知りましょう** 5 .... よく使う反義語形容詞

中国語	大 dà	小 xiǎo	中国語	长 cháng	短 duǎn
意味	大きい	小さい	意味	長い	短い
中国語	胖 pàng	瘦 shòu	中国語	难 nán	简单 jiǎndān
意味	太る	痩せる	意味	難しい	簡単な
中国語	早 zǎo	晚 wǎn	中国語	快 kuài	慢 màn
意味	早い	遅い	意味	速い	遅い
中国語	忙 máng	闲 xián	中国語	干净 gānjìng	脏 zāng
意味	忙しい	暇な	意味	きれい	汚い
中国語	多 duō	少 shǎo	中国語	高 gāo	矮 ǎi
意味	多い	少ない	意味	高い	低い

59

我买了一台笔记本电脑。

1 张梅: 昨天 晚上 我 9 点 才 回家。
Zuótiān wǎnshang wǒ jiǔ diǎn cái huíjiā.

2 田中: 你 去 哪儿 了?
Nǐ qù nǎr le?

3 张梅: 放学 以后, 我 去 买了 一台 笔记本 电脑。
Fàngxué yǐhòu, wǒ qù mǎile yì tái bǐjìběn diànnǎo.

4 田中: 新 电脑 贵不贵?
Xīn diànnǎo guì bu guì?

5 张梅: 有点儿 贵, 不过 没 办法, 旧的 不能 用 了。
Yǒudiǎnr guì, búguò méi bànfǎ, jiù de bùnéng yòng le.

6 田中: 我 的 手机 和 电脑 也 都 旧 了。
Wǒ de shǒujī hé diànnǎo yě dōu jiù le.

7 张梅: 那 该 换 新的 了。
Nà gāi huàn xīn de le.

単語

1. 昨天 zuótiān【名詞】昨日
2. 才 cái【副詞】ようやく、やっと
3. 回家 huíjiā 帰宅する
4. 放学 fàngxué 放課後
5. 台 tái【量詞】〜台
6. 笔记本 bǐjìběn【名詞】ノート
7. 电脑 diànnǎo【名詞】パソコン
8. 新 xīn【形容詞】新しい
9. 贵 guì【形容詞】高い（値段）
10. 不过 búguò【接続詞】でも、しかし
11. 办法 bànfǎ【名詞】仕方、方法
12. 没办法 méi bànfǎ 仕方がない
13. 旧 jiù【形容詞】古い
14. 用 yòng【動詞】使う
15. 手机 shǒujī【名詞】携帯電話
16. 都 dōu【副詞】すべて
17. 该〜了 gāi 〜 le 〜すべき（の時間）
18. 换 huàn【動詞】換える

60

第8課

左の会話文をしっかりマスターしましょう。

一　下記の文を中国語で言ってみましょう。

1　昨日、夜９時家に帰りました。

2　どこに行ったのですか？

3　昨日放課後、私はノート型パソコンを買いに行きました。

4　新しいパソコンは高いですか？

5　ちょっと高い。でもしょうがない、古いのが使えなくなりました。

6　私の携帯電話もパソコンも全部古くなった。

7　では新しいの換えるんだね（換える時間）。

二　下記のピンインを声を出して読みましょう。

1　Zuótiān wǎnshang wǒ jiǔ diǎn cái huíjiā.

2　Nǐ qù nǎr le?

3　Fàngxué yǐhòu, wǒ qù mǎile yì tái bǐjìběn diànnǎo.

4　Xīn diànnǎo guì bu guì?

5　Yǒudiǎnr guì, búguò méi bànfǎ, jiù de bùnéng yòng le.

6　Wǒ de shǒujī hé diànnǎo yě dōu jiù le.

7　Nà gāi huàn xīn de le.

61

🚌 LISTENING−8　リスニング問題

🎧 078 **1** 音声を聴き、読まれた順に１〜４の番号を［　　］に書きなさい。

1. ［　　］xīn　　［　　］jiù　　［　　］jiān　　［　　］nián

2. ［　　］shǒujī　　［　　］dōngxi　　［　　］shíjiān　　［　　］sìnián

3. ［　　］jiù shǒujī　　［　　］xīn dōngxi　　［　　］yǒu shíjiān　　［　　］yòng sìnián

🎧 079 **2** 音声を聴き、聴こえた語句を中国語で書きなさい。

1. ［　　　　　　　　　　　　　　　　］

2. ［　　　　　　　　　　　　　　　　］

3. ［　　　　　　　　　　　　　　　　］

4. ［　　　　　　　　　　　　　　　　］

🎧 080 **3** 文章を聴き取り、その意味に基づき、下記の文が正しいかを判断し、〇か×を（　　）に書きなさい。

1. 昨天"我们"去星巴克了。　　　（　　　　）

2. "我"吃了一块蛋糕。　　　（　　　　）

3. 姐姐喝了一杯咖啡。　　　（　　　　）

4. "我们" 1点才回家。　　　（　　　　）

メモ用紙

第8課

➡ TRAINING−8 　トレーニング問題

1 下記の会話の女性の発話に続く男性の言葉として、あり得るものを①～④の中から選びなさい（複数可）。

1. 女性：昨天我买了一个手机。

   男性：① 多少钱？　　② 我昨天在家。　　③ 很贵。　　④ 贵吗？

2. 女性：我的手机太旧了。　　　*太～了 tài ～ le ～すぎ

   男性：① 我的也是。　　② 你想换吗？　　③ 买新的吧。　　④ 我的吗？

2 次の文を中国語に訳しなさい。

1. 授業が始まる時間です。

   ➡ _____

2. 今朝コーヒーを一杯飲みました。

   ➡ _____

3. 父は中国へ行きました。

   ➡ _____

4. 私は今朝7時に、やっと起きました。

   ➡ _____

3 下線の語句に対し、中国語で質問しなさい。

1. 昨天我去<u>买东西</u>了。

   ➡ _____

2. 我来日本<u>四年</u>了。

   ➡ _____

3. 周末我<u>没</u>去打工。　　*周末 zhōumò 週末

   ➡ _____

4. 她去<u>学校</u>学习了。

   ➡ _____

4 左と右が一つの文になるよう、線で結びなさい。

1. 今天我在家，　　•　　　　　•　我们该回家了。

2. 今年课有点儿多，•　　　　　•　但是有点儿贵。

3. 十点了，　　　　•　　　　　•　没去学校。

4. 我想买手机，　　•　　　　　•　没有时间打工。

　　*今年 jīnnián【名詞】今年　　课 kè【名詞】授業

63

第9課

你 吃过 川菜 吗?
Nǐ　　chīguo　Chuāncài　ma?

主要文法要点

□ **过**：動詞の後に"过"を付けて、「～したことがある」（経験）を表す。

	主語	述語					語気助詞
		副詞	動詞	过	回数	目的語	
肯定文 1	我 Wǒ		吃 chī	过 guo		川菜。 Chuāncài	
肯定文 2	我 Wǒ		吃 chī	过 guo	一次 yí cì	川菜。 Chuāncài	
否定文	我 Wǒ	没 méi	吃 chī	过 guo		川菜。 Chuāncài	
疑問文 1	你 Nǐ		吃 chī	过 guo		川菜 Chuāncài	吗? ma
疑問文 2	你 Nǐ	吃没吃 chī méichī		过 guo		川菜? Chuāncài	

動作の回数を表すことば（動作量）は、動詞の後に置く。但し、目的語が代詞なら、回数は目的語の後。「…回Bを～する。」目的語が場所なら、回数は目的語の前、後どちらでも良い。

我 吃过 一次 川菜。　私は1回四川料理を食べたことがある。

我 见过 他 一次。　私は1回彼に会ったことがある。
　jiàn

我 去过 一次 中国。　私は中国に1回行ったことがある。

我 去过 中国 一次。　私は中国に1回行ったことがある。

64

□ **是～的**：「連用修飾語＋動詞」を"是"と"的"ではさむと強調するニュアンスとなる。目的語は"的"の前または後ろに置く。主に動作の行われた時間、場所、方法 / 手段、対象と目的を強調する。「Aは～しく / で / から / まで / に /... Bを～したのだ。」

	主語	述語						語気助詞
		副詞	是	連用修飾語	動詞	的	目的語	
肯定文 1	我 Wǒ		是 shì	去年 qùnián	来 lái	的 de	日本。 Rìběn	
肯定文 2	我 Wǒ		是 shì	在日本 zài Rìběn	学 xué	的 de	日语。 Rìyǔ	
肯定文 3	我 Wǒ		是 shì	一个人 yí ge rén	吃 chī	的 de	早饭。 zǎofàn	
肯定文 4	我 Wǒ		是 shì	坐电车 zuò diànchē	来 lái	的 de	学校。 xuéxiào	
否定文	我 Wǒ	不 bú	是 shì	坐电车 zuò diànchē	来 lái	的 de	学校。 xuéxiào	
疑問文 1	你 Nǐ		是 shì	怎么 zěnme	来 lái	的 de	学校? xuéxiào	
疑問文 2	你 Nǐ		是 shì	坐电车 zuò diànchē	来 lái	的 de	学校 xuéxiào	吗? ma
疑問文 3	你 Nǐ	是不是 shì bushì		坐电车 zuò diànchē	来 lái	的 de	学校? xuéxiào	

学習ポイント

⭐ **～极了**：形容詞の補語として用いる。程度が最高であることを示す。「とても」。

麻婆豆腐好吃 极了 。　　　　　　　マーボー豆腐はとても美味しい。

⭐ **又～又～**：「～し、また～」という意味。

那家的菜 又 好吃 又 便宜。　　　　あの店の料理は美味しくて安い。

⭐ **～的时候**：「～の時」という意味。

不打工 的时候 ，我常常在家。　　　バイトない時、私はほとんど家にいる。

65

会話　你吃过川菜吗?

081

1 张梅: 你　吃过　川菜　吗?
Nǐ　chīguo　Chuāncài　ma?

2 田中: 吃过　一　次。
Chīguo　yí　cì.

3 张梅: 你　是　在　哪儿　吃的?
Nǐ　shì　zài　nǎr　chīde?

4 田中: 我　是　在　大学　附近的　一家　饭店　吃的。
Wǒ　shì　zài　dàxué　fùjìn de　yì jiā　fàndiàn　chīde.

5 张梅: 那　家　饭店　怎么样?
Nà　jiā　fàndiàn　zěnmeyàng?

6 田中: 又　好吃　又　便宜。麻婆豆腐　好吃　极了。
Yòu　hǎochī　yòu　piányi.　Mápó dòufu　hǎochī　jíle.

7 张梅: 是吗，那　下次　休息　的时候　我　也　去　尝尝。
Shìma,　nà　xiàcì　xiūxi　de shíhou　wǒ　yě　qù　chángchang.

082 単語

1. 过 guo【助詞】(「文法要点」に参照)
2. 次 cì【量詞】～回
3. 大学 dàxué【名詞】大学
4. 家 jiā【量詞】軒 (店などを数える)
5. 饭店 fàndiàn【名詞】レストラン
6. 又 yòu【副詞】また
7. 又～又～ yòu ~ yòu ~　～し、また～
8. 好吃 hǎochī【形容詞】美味しい
9. 便宜 piányi【形容詞】安い
10. ～极了 ~ jíle とても
11. 是吗 shì ma そうか
12. 下次 xiàcì 次回
13. 休息 xiūxi【動詞】休む
14. ～的时候 ~ de shíhou ～の時
15. 尝 cháng【動詞】食べる、味わう

固有名詞

1. 川菜 Chuāncài【料理名】四川料理
2. 麻婆豆腐 Mápó dòufu【料理名】マーボー豆腐

第9課

左の会話文をしっかりマスターしましょう。

下記の文を中国語で言ってみましょう。

1 四川料理を食べたことがありますか？

2 一度だけ食べたことがあります。

3 どこで食べたのですか？

4 大学の近く（一軒）のレストランで食べました。

5 その店はどうだったですか？

6 美味しくて安かったです。麻婆豆腐は最高に美味しかったです。

7 そうですか？　では今度休みの時、私も食べに行ってみます。

下記のピンインを声を出して読みましょう。

1 Nǐ chīguo Chuāncài ma?

2 Chīguo yí cì.

3 Nǐ shì zài nǎr chīde?

4 Wǒ shì zài dàxué fùjìn de yì jiā fàndiàn chīde.

5 Nà jiā fàndiàn zěnmeyàng?

6 Yòu hǎochī yòu piányi. Mápó dòufu hǎochī jíle.

7 Shìma, nà xiàcì xiūxi de shíhou wǒ yě qù chángchang.

67

🚌 LISTENING−9 リスニング問題

🎧 083 **1** 音声を聴き、聴こえたピンインを［　　］に書きなさい。

1. ［　　　　］　　［　　　　］　　［　　　　］　　［　　　　］

2. ［　　　　］　　［　　　　］　　［　　　　］　　［　　　　］

3. ［　　　　］　　［　　　　］　　［　　　　］　　［　　　　］

🎧 084 **2** 音声を聴き、聴こえた語句を中国語で書きなさい。

1. ［　　　　　　　　　　　　］

2. ［　　　　　　　　　　　　］

3. ［　　　　　　　　　　　　］

4. ［　　　　　　　　　　　　］

🎧 085 **3** 文章を聴き取り、その意味に基づき、下記の文が正しいかを判断し、○か×を（　　　）に書きなさい。

1. "我" 吃过川菜。　　　　　　　（　　　　）

2. "我" 吃过一次。　　　　　　　（　　　　）

3. "我" 是在饭店吃的。　　　　　（　　　　）

4. "我" 是来中国以前吃的。　　　（　　　　）

メモ用紙

第 9 課

▶ TRAINING−9   トレーニング問題

1 下記の会話の女性の発話に続く男性の言葉として、あり得るものを①～④の中から選びなさい（複数可）。

1. 女性：你去过中国吗？

   男性：① 去过一次。　② 没去过。　③ 能去。　④ 我也去。

2. 女性：我是星期一去的那家饭店。

   男性：① 我没去。　② 吃什么了？　③ 什么时候去的？
   　　　④ 好吃吗？

2 次の文を中国語に訳しなさい。

1. 中国にいた時、四川料理を食べたことがないです。

   ➡ ....

2. いつあのレストランに行ったのですか。

   ➡ ....

3. 友達と一緒に学校に行ったのではないです。

   ➡ ....

4. 私は二回韓国に行ったことがあります。　*韩国 hánguó 韓国

   ➡ ....

3 下線語句に対し、質問しなさい。

1. 我去过<u>一次</u>美国。　　*美国 měiguó アメリカ

   ➡ ....

2. 我是<u>昨天晚上</u>吃的。

   ➡ ....

3. 我是<u>跟朋友一起</u>吃的。

   ➡ ....

4. 我是<u>在家</u>吃的。

   ➡ ....

4 左と右が一つの文になるよう、線で結びなさい。

1. 我想吃日本料理，　　•　　　　•　好吃极了。

2. 在中国的时候，　　　•　　　　•　哪家饭店好吃？

3. 那家饭店的菜很好吃，•　　　　•　我常常吃包子。

4. 日本的面包，　　　　•　　　　•　你也去尝尝吧。

　　*日本料理 Rìběn liàolǐ 和食　菜 cài 料理

69

第10課 我 在 上课 呢。
Wǒ zài shàngkè ne.

主要文法要点

□ **動作の進行（正在・在）**：「Aは〜しているところだ。」

	主語	述語				語気助詞
		副詞	在（正在）	動詞	目的語	
肯定文	我 Wǒ		在（正在） zài zhèngzài	看 kàn	电视 diànshì	（呢）。 ne
否定文	我 Wǒ	没 méi	在 zài	看 kàn	电视。 diànshì	
疑問文	你 Nǐ		在（正在） zài zhèngzài	看 kàn	电视 diànshì	吗？ ma

＊過去の特定の時間に進行していたこともある。

　昨天晚上 8点，我在看电视呢。　　　昨日夜8時、私はテレビを見ていた。

＊未来の進行型もある。よく「可能〜」を用いて表現する。「〜しているかもしれない」という意味。特に遠い将来のこと。

　明年的今天，我 可能 在中国旅行呢。
　　míngnián　　　　kěnéng
　　　　　　　　　　　　　　　来年の今、私は中国で旅行しているかもしれない。

□ **着**：「助詞」、「動作1＋着＋動作2」。動作1は動作2のする時の状態を表す。

　我有时候站 着 吃饭。　　　　　私はたまに立ってご飯を食べる。

学習ポイント

⭐ **一边…一边～**：「…しながら～する」という意味。

我 一边 看电视 一边 吃饭。　　私はテレビを見ながらご飯を食べる。

⭐ **呢**：語気助詞で、進行を表す文で継続中の意を強める。

我在打电话 呢 。　　　　私は電話をしているよ。

🎧 もうちょっと知りましょう ❻ …… 起きるから寝るまで

漢字	発音	意味
起床	qǐchuáng	起きる
洗脸	xǐliǎn	顔を洗う
刷牙	shuāyá	歯を磨く
吃早饭	chī zǎofàn	朝食を食べる
去学校	qù xuéxiào	学校へ行く
上课	shàngkè	授業を受ける / 始まる
下课	xiàkè	授業が終わる
吃午饭	chī wǔfàn	お昼ご飯を食べる
放学	fàngxué	学校が終わる
去打工	qù dǎgōng	アルバイトに行く
回家	huíjiā	家に帰る
吃晚饭	chī wǎnfàn	夕食を食べる
看电视	kàn diànshì	テレビを見る
洗澡	xǐzǎo	お風呂に入る / シャワーをする
睡觉	shuìjiào	寝る

我在上课呢。

1. 田中：刚才 我 给 你 打电话，你 没 接。
   Gāngcái wǒ gěi nǐ dǎ diànhuà, nǐ méi jiē.

2. 张梅：刚才 我 在 上课 呢。
   Gāngcái wǒ zài shàngkè ne.

3. 田中：没 听说 你 晚上 也 有课。
   Méi tīngshuō nǐ wǎnshang yě yǒukè.

4. 张梅：我 在 补习 口语。
   Wǒ zài bǔxí kǒuyǔ.

5. 田中：怪不得 你 的 口语 进步得 那么 快。
   Guàibude nǐ de kǒuyǔ jìnbù de nàme kuài.

6. 张梅：哪里哪里。你 找 我 有事 吧？
   Nǎlinǎli. Nǐ zhǎo wǒ yǒu shì ba?

7. 田中：我 想 请 你 帮个忙。
   Wǒ xiǎng qǐng nǐ bāng ge máng.

8. 张梅：好，我们 别 站着 说，一边 走 一边 说 吧。
   Hǎo, wǒmen bié zhànzhe shuō, yìbiān zǒu yìbiān shuō ba.

単語

1. 刚才 gāngcái【名詞】先ほど
2. 给 gěi【前置詞】～に
3. 打电话 dǎ diànhuà 電話をかける
4. 接 jiē【動詞】（電話を）出る
5. 在 zài【副詞】～しているところ
6. 听说 tīngshuō …と聞いている；…だそうだ
7. 补习 bǔxí【動詞】補習する
8. 口语 kǒuyǔ【名詞】会話、口語
9. 怪不得 guàibude 道理で、なるほど
10. 进步 jìnbù【動詞】進歩する
11. 快 kuài【形容詞】速い
12. 哪里哪里 nǎlinǎli いえいえ
13. 找 zhǎo【動詞】探す、訪ねる
14. 事 shì【名詞】用事
15. 帮忙 bāngmáng 手伝う、助ける
16. 别 bié【副詞】～しないで
17. 站 zhàn【動詞】立つ
18. 着 zhe【助詞】（主要文法）を参照
19. 一边…一边～ yìbiān…yìbiān～ …しながら～する

第 10 課

左の会話文をしっかりマスターしましょう。

⬡ 一　下記の文を中国語で言ってみましょう。

1 先ほどあなたに電話したけど、出なかった。

2 私は授業を受けていました。

3 夜も授業があると聞いていなかった。

4 私は会話（口語）を補習しています。

5 なるほど、だからあなたの口語はあんなに進歩したんだね。

6 いえいえ。あなたは私に用があるんでしょう？

7 手伝ってほしいことがあって。

8 いいよ。立って話さないで。歩きながら話そう。

⬡ 二　下記のピンインを声を出して読みましょう。

1 Gāngcái wǒ gěi nǐ dǎ diànhuà, nǐ méi jiē.

2 Gāngcái wǒ zài shàngkè ne.

3 Méi tīngshuō nǐ wǎnshang yě yǒukè.

4 Wǒ zài bǔxí kǒuyǔ.

5 Guàibude nǐ de kǒuyǔ jìnbù de nàme kuài.

6 Nǎlinǎli. Nǐ zhǎo wǒ yǒu shì ba?

7 Wǒ xiǎng qǐng nǐ bāng ge máng.

8 Hǎo, wǒmen bié zhànzhe shuō, yìbiān zǒu yìbiān shuō ba.

73

🚌 LISTENING-10 リスニング問題

089

1 音声を聴き、聴こえたピンインを［　　］に書きなさい。

1. ［　　　　］　　［　　　　］　　［　　　　］　　［　　　　］

2. ［　　　　］　　［　　　　］　　［　　　　］　　［　　　　］

3. ［　　　　］　　［　　　　］　　［　　　　］　　［　　　　］

090

2 音声を聴き、聴こえた語句を中国語で書きなさい。

1. ［　　　　　　　　　　　　　　］

2. ［　　　　　　　　　　　　　　］

3. ［　　　　　　　　　　　　　　］

4. ［　　　　　　　　　　　　　　］

091

3 文章を聴き取り、その意味に基づき、下記の文が正しいかを判断し、〇か×を（　　　）に書きなさい。

1. "我" 喜欢做菜。　　　　　　　　　　　（　　　　　）

2. "我" 常常一边看电视，一边做菜。　　　（　　　　　）

3. "我" 明天晚上想做麻婆豆腐。　　　　　（　　　　　）

4. "我" 昨天晚上 10 点在做菜。　　　　　（　　　　　）

メモ用紙

第 10 課

TRAINING−10 トレーニング問題

1 下記の会話の女性の発話に続く男性の言葉として、あり得るものを①〜④の中から選びなさい（複数可）。

1. 女性：你在做什么呢?

   男性：① 什么也没做。　② 没有。　③ 吃饭呢。　④ 我在看手机。

2. 女性：我不能一边看电视，一边学习。

   男性：① 我可以。　② 我也不能。　③ 我在看电视。　④ 你也不能吗?

2 次の文を中国語に訳しなさい。

1. 昨日夜8時、あなたは勉強していましたか。

   ➡ _____

2. あなたはよく携帯電話を見ながら歩きますか。

   ➡ _____

3. 私は横たわって携帯電話を見ることができません。　*躺 tǎng 横たわる

   ➡ _____

4. あなたは何をしていますか。

   ➡ _____

3 下線語句に対し、質問しなさい。

1. 我在<u>看电视</u>呢。

   ➡ _____

2. 我听说<u>老师今天不来</u>。

   ➡ _____

3. 晚上我常常<u>一边做饭，一边收拾房间</u>。　* 收拾房间 shōushi fángjiān 部屋を片付ける

   ➡ _____

4. 我在电车里<u>站着</u>看书。

   ➡ _____

4 左と右が一つの文になるよう、線で結びなさい。

1. 不能一边看电视，　•　　　• 特别是中国的。

2. 我喜欢听音乐，　•　　　• 我在写作业。

3. 躺着看手机，　•　　　• 一边吃饭。

4. 昨天晚上８点，　•　　　• 不太好!

   *听音乐 tīng yīnyuè 音楽を聴く　写作业 xiě zuòyè 宿題をする　特别 tèbié 特に

75

第11課 你 看见 老师 了 吗?
Nǐ kànjiàn lǎoshī le ma?

主要文法要点

□ **結果補語**：結果補語は動詞の後に加えられ、動作が何らかの結果を生んだり、ある段
階に到達したことを表す。

	主語	述語				語気助詞
		副詞	動詞	結果補語	目的語	
肯定文	我 Wǒ		看 kàn	见 jiàn	老师 lǎoshī	了。 le
否定文	我 Wǒ	没 méi	看 kàn	见 jiàn	老师。 lǎoshī	
疑問文1	你 Nǐ		看 kàn	见 jiàn	老师 lǎoshī	了 吗? le ma
疑問文2	你 Nǐ	看 没看 kàn méikàn		见 jiàn	老师? lǎoshī	

□ **「被」構文**：「A被B…」とは、「AはBに…される」、望ましくない出来事を表すことが多
い。"被"の代わりに、让/叫も使う。"被"は書き言葉で、"让/叫"は話し
言葉。

	主語 A	述語				語気助詞
		副詞/助動詞	让	B	動詞句	
肯定文1	我 Wǒ		被 bèi	老师 lǎoshī	批评 pīpíng	了。 le
肯定文2	你 Nǐ	会 huì	被 bèi	老师 lǎoshī	批评 pīpíng	的。 de
否定文	我 Wǒ	没 méi	被 bèi	老师 lǎoshī	批评。 pīpíng	
疑問文	你 Nǐ		被 bèi	老师 lǎoshī	批评 了 pīpíng le	吗? ma

😊 "Bの後には、単独の動詞は来ない。

76

第11課

学習ポイント

⭐ **快＋動詞句**：「早く〜しなさい」という催促の意味を表す。

我们 快 写作业吧!　　早く宿題をしよう。
　　　xiězuòyè

⭐ **会〜的**：「きっと〜だろう」という意味。将来の可能性が大きい時に使う。否定は「不〜会的」。

她 会 来 的。　　　　　彼女はきっと来るだろう。

もうちょっと知りましょう 7　　　　　　　　　　　その他主な結果補語

092

結果補語になりやすい動詞	"動詞＋結果補語（動詞）"の組み合わせ例
到　dào　達成する、手に入れる、実現する	买到　mǎidào　買って手に入れる
懂　dǒng　分かる	听懂　tīngdǒng　聞いて分かる
见　jiàn　感知される	看见　kànjiàn　（見て）目に入る
着　zháo　達成する	找着　zhǎozháo　探しあてる、見つかる
住　zhù　定着する	记住　jìzhù　しっかり覚える
結果補語になりやすい形容詞	"動詞＋結果補語（形容詞）"の組み合わせ例
饱　bǎo　充分になる	吃饱　chībǎo　食べて満腹になる
对　duì　正しい	答对　dáduì　答えて合っている
错　cuò　間違い	说错　shuōcuò　言い間違える
清楚　qīngchu　はっきりしている	写清楚　xiěqīngchu　はっきりと書く
干净　gānjing　きれいである（清潔な）	洗干净　xǐgānjing　洗ってきれいになる

77

你看见老师了吗?

1 田中: 你 看见 李老师 了 吗?
　　　　Nǐ kànjiàn Lǐ lǎoshī le ma?

2 张梅: 没 看见，我 也 在 找 她 呢。
　　　　Méi kànjiàn, wǒ yě zài zhǎo tā ne.

3 田中: 你 找 老师 有 什么 事?
　　　　Nǐ zhǎo lǎoshī yǒu shénme shì?

4 张梅: 我 做错了 两 道 题，想 问问 老师。你 呢?
　　　　Wǒ zuòcuò le liǎng dào tí, xiǎng wènwen lǎoshī. Nǐ ne?

5 田中: 我 想 去 交 作业。不 知道 老师 在不在
　　　　Wǒ xiǎng qù jiāo zuòyè. Bù zhīdào lǎoshī zàibuzài

　　　　办公室。
　　　　bàngōngshì.

6 张梅: 啊…，我 的 作业 还 没 写完 呢。
　　　　Ā…, wǒ de zuòyè hái méi xiě wán ne.

7 田中: 快 写 吧! 不 交 作业 会 被 老师 批评 的!
　　　　Kuài xiě ba! Bù jiāo zuòyè huì bèi lǎoshī pīpíng de!

单语

1. 看见 kànjiàn【動詞】（見て）目に入る、見える
2. 做题 zuò tí 問題を解く
3. 错 cuò【形容詞】間違い
4. 两 liǎng【数詞】二つ（数を数える時に使う）
5. 道 dào【量詞】問題の数を数える
6. 题 tí【名詞】問題
7. 交 jiāo【動詞】提出する、支払う
8. 作业 zuòyè【名詞】宿題
9. 知道 zhīdào【動詞】知る
10. 办公室 bàngōngshì【名詞】職員室
11. 啊 ā【感嘆詞】あ（短く言う、驚く時に使う）
12. 还 hái【副詞】まだ
13. 完 wán【動詞】やり終わる
14. 快 kuài【副詞】速く〜する
15. 被 bèi【介詞】〜される。「主要文法」参照
16. 会〜的 huì 〜 de きっと〜だろう
17. 批评 pīpíng【動詞】叱る、怒る

78

第 11 課

左の会話文をしっかりマスターしましょう。

一　下記の文を中国語で言ってみましょう。

1 李先生を見かけましたか？

2 見かけませんでした、私も彼女を探しています。

3 先生にどんな用ですか。

4 私は二つの問題を誤ってしまい、質問したいと思っています。あなたは？

5 私は宿題を提出に行きたいですが、先生は職員室にいるか分かりません。

6 あっ、私の宿題はまだ終わっていません。

7 早く書いたら！　宿題を提出しないと先生に叱られますよ。

二　下記のピンインを声を出して読みましょう。

1 Nǐ kànjiàn Lǐ lǎoshī le ma?

2 Méi kànjiàn, wǒ yě zài zhǎo tā ne.

3 Nǐ zhǎo lǎoshī yǒu shénme shì?

4 Wǒ zuòcuò le liǎng dào tí, xiǎng wènwen lǎoshī.　Nǐ ne?

5 Wǒ xiǎng qù jiāo zuòyè.　Bù zhīdào lǎoshī zàibuzài bàngōngshì.

6 Ā···, wǒ de zuòyè hái méi xiě wán ne.

7 Kuài xiě ba!　Bù jiāo zuòyè huì bèi lǎoshī pīpíng de!

79

🚌 LISTENING−11 リスニング問題

🎧 **1** 音声を聴き、聴こえたピンインを [　　] に書きなさい。
095

1. [　　　　]　　[　　　　]　　[　　　　]　　[　　　　]

2. [　　　　]　　[　　　　]　　[　　　　]　　[　　　　]

3. [　　　　]　　[　　　　]　　[　　　　]　　[　　　　]

🎧 **2** 音声を聴き、聴こえた語句を中国語で書きなさい。
096

1. [　　　　　　　　　　　　　　]

2. [　　　　　　　　　　　　　　]

3. [　　　　　　　　　　　　　　]

4. [　　　　　　　　　　　　　　]

🎧 **3** 文章を聴き取り、その意味に基づき、下記の文が正しいかを判断し、○か×を（　　）
097 に書きなさい。

1. "我们" 是放学以后写的作业。　　　　　（　　　　）

2. "我们" 是在图书馆写的作业。　　　　　（　　　　）

3. "我们" 写得不快。　　　　　　　　　（　　　　）

4. "我们" 一个半小时才写完作业。　　　　（　　　　）

メモ用紙

第 11 課

⮡ TRAINING−11 トレーニング問題

1 下記の会話の女性の発話に続く男性の言葉として、あり得るものを①～④の中から選びなさい（複数可）。

1. 女性：你看见老师了吗？

   男性：① 我也在找。　② 没有。　③ 找老师。　④ 在图书馆呢。

2. 女性：我还没写完作业。

   男性：① 写了半个小时。　② 我也没写完。　③ 快写吧!
   ④ 会被老师批评的。

2 次の文を中国語に訳しなさい。

1. あの小説はまだ読み終えていないです。　　*小说 xiǎoshuō 小説

   ➡ _____

2. 宿題を書き忘れたので、母に叱られました。　　*忘 wàng 忘れる

   ➡ _____

3. 用がある時、私に電話してください。

   ➡ _____

4. 昨日の宿題は全部書き間違いました。

   ➡ _____

3 下線語句に対し、質問しなさい。

1. 我<u>没</u>看见老师。

   ➡ _____

2. 我做错了<u>两道</u>题。

   ➡ _____

3. 我们写了<u>半个小时</u>。

   ➡ _____

4. 我们是<u>放学以后</u>一起写的作业。

   ➡ _____

4 左と右が一つの文になるよう、線で結びなさい。

1. 我看见老师了，　　　•　　　• 还没找到。

2. 我在找孩子，　　　　•　　　• 有什么事吗？

3. 你找我，　　　　　　•　　　• 会被妈妈批评的。

4. 晚上 8 点以前不回家，•　　　• 她在办公室呢。

　　*孩子 háizi【名詞】こども

81

第12課　我们 走 上去 吧!
Wǒmen zǒu shàngqu ba!

主要文法要点

☐ **方向補語**：単純方向補語と複合方向補語がある。

🥟 **単純方向補語**は主に"来・去"二つの方向がある。
基本形：動詞＋単純方向補語

他回 来 了。　　彼は帰って来た。

🥟 **複合方向補語**は、二つの方向動詞の意味を組み合わせて動作の向かう方向を表す。主な複合方向補語には次のものがある。

上来　下来　进来　出来　过来　回来　起来

上去　下去　进去　出去　过去　回去

🥟 **目的語が場所の場合**は常に"来／去"の前に置く。

走回 家 去。　　歩いて家に帰る。

☐ **存現文**：ある不特定の人・物のある状態での「存在」を表す文を、存現文という。動詞の後に"着"や方向補語をつけることが多い。「Bには／ではAが〜してある／いる」。

	B（場所）	動詞	着／方向補語	修飾語	A
肯定文1	门口 Ménkǒu	站 zhàn	着 zhe	很多 hěn duō	人。 rén
肯定文2	那边 Nàbian	走 zǒu	过来 guòlai	一个 yí ge	人。 rén

🥟 Aにはふつう数量詞などの修飾語がつく。

第12課

学習ポイント

⭐ **(快) 要～了**：「もう時期～だ」という意味。

　　快要 上课了！　　もうすぐ授業が始まるよ！

⭐ **疑問詞「怎么」**：「なぜ、どうして」という意味。

　　你 怎么 来了？　　あなたはどうして来たの？

🎧 098 もうちょっと知りましょう **8** ‥‥‥‥‥‥‥‥‥‥‥‥‥‥‥‥‥‥‥‥‥‥‥‥‥ 洋服と色

中国語	意味	中国語	意味	用例
衣服 yīfu	洋服	黑色 / 黑 hēisè　hēi	黒	黑色的衣服 黑衣服
上衣 shàngyī	上着	白色 / 白 báisè　bái	白	白色的上衣 白上衣
裤子 kùzi	ズボン	蓝色 / 蓝 lánsè　lán	紺色	蓝色的裤子 蓝裤子
裙子 qúnzi	スカート	红色 / 红 hóngsè　hóng	赤色	红色的裙子 红裙子
毛衣 máoyī	セーター	黄色 / 黄 huángsè　huáng	黄色	黄色的毛衣 黄毛衣
套装 tàozhuāng	スーツ	灰色 / 灰 huīsè　huī	灰色	灰色的套装 灰套装
帽子 màozi	帽子	粉色 / 粉 fěnsè　fěn	ピンク色	粉色的帽子 粉帽子
鞋 xié	靴	棕色 zōngsè	茶色	棕色的鞋
袜子 wàzi	靴下	紫色 / 紫 zǐsè　zǐ	紫	紫色的袜子 紫袜子

83

会話　我们走上去吧！

1 张梅：门口　怎么　站着　那么　多人，发生　什么　事　了？
Ménkǒu　zěnme　zhànzhe　nàme　duō rén,　fāshēng　shénme　shì　le?

2 铃木：今天　是　黑色　星期五　的　第一天。
Jīntiān　shì　hēisè　xīngqī wǔ　de　dìyītiān.

3 张梅：很　便宜　吗？
Hěn　piányi　ma?

4 铃木：听说　是　半价。　（……快要　开门　了。）
Tīngshuō　shì　bànjià.　（……kuài yào　kāi mén　le.）

5 张梅：真的　啊！那　我们　也　进去　看看　吧！
Zhēn de　a!　Nà　wǒmen　yě　jìnqù　kànkan　ba!

6 铃木：我们　上楼　吧，三楼　卖　女装。
Wǒmen　shànglóu　ba,　sānlóu　mài　nǚzhuāng.

7 张梅：好，正好　我　也　想　买　一条　裙子。
Hǎo,　zhènghǎo　wǒ　yě　xiǎng　mǎi　yì tiáo　qúnzi.

8 铃木：等　电梯　的　人　太多了，我们　走　上去　吧！
Děng　diàntī　de　rén　tài duō le,　wǒmen　zǒu　shàngqu　ba.

単語

1. 门口 ménkǒu【名詞】入口
2. 怎么 zěnme【疑問詞】なんで
3. 发生 fāshēng【動詞】発生する
4. 黑色 hēisè【名詞】黒
5. 第一天 dìyītiān 初日
6. 半价 bànjià【名詞】半額
7. 快要〜了 kuàiyào 〜 le もうすぐ〜
8. 开门 kāimén 開店する
9. 真的 zhēnde【副詞】本当
10. 进去 jìnqu【動詞】入っていく
11. 上 shàng【動詞】登る
12. 楼 lóu【名 / 量詞】ビル、〜階
13. 卖 mài【動詞】売る
14. 女装 nǚzhuāng【名詞】女性服
15. 正好 zhènghǎo【副詞】ちょうど
16. 条 tiáo【量詞】枚(スカート、ズボンなどを数える)
17. 裙子 qúnzi【名詞】スカート
18. 等 děng【動詞】待つ
19. 电梯 diàntī【名詞】エレベーター
20. 上去 shàngqu 上がっていく

84

第12課

左の会話文をしっかりマスターしましょう。

⬡ 一 　下記の文を中国語で言ってみましょう。

1 入口にどうしてあんなたくさんの人が立ってるの？　何があったの？

2 今日はブラックフライデーの初日です。

3 安いの？

4 半額だそうです。（まもなく開店する）

5 本当？　じゃ私たちも入って見てみようか。

6 上に行こう、三階は女性服売り場です。

7 いいよ、ちょうど私がスカートを買いたくて。

8 エレベーターを待っている人が多すぎて、私たちは歩いて上がろう。

⬡ 二 　下記のピンインを声を出して読みましょう。

1 Ménkǒu zěnme zhànzhe nàme duō rén, fāshēng shénme shì le?

2 Jīntiān shì hēisè xīngqī wǔ de dìyītiān.

3 Hěn piányi ma?

4 Tīngshuō shì bànjià.　　(……kuài yào kāi mén le.)

5 Zhēn de a!　Nà wǒmen yě jìnqù kànkan ba!

6 Wǒmen shànglóu ba, sānlóu mài nǚzhuāng.

7 Hǎo, zhènghǎo wǒ yě xiǎng mǎi yì tiáo qúnzi.

8 Děng diàntī de rén tài duō le, wǒmen zǒu shàngqu ba!

85

🚌 LISTENING－12 リスニング問題

🎧 **1** 音声を聴き、聴こえたピンインを［　　］に書きなさい。
101

1. ［　　　　］　　［　　　　］　　［　　　　］　　［　　　　］

2. ［　　　　］　　［　　　　］　　［　　　　］　　［　　　　］

3. ［　　　　］　　［　　　　］　　［　　　　］　　［　　　　］

🎧 **2** 音声を聴き、聴こえた語句を中国語で書きなさい。
102

1. ［　　　　　　　　　　　　　］

2. ［　　　　　　　　　　　　　］

3. ［　　　　　　　　　　　　　］

4. ［　　　　　　　　　　　　　］

🎧 **3** 文章を聴き取り、その意味に基づき、下記の文が正しいかを判断し、○か×を（　　）
103　　に書きなさい。

1. 放学的时候，电梯门口常常站着很多学生。　　　　（　　　　）

2. 快要上课的时候，学生们站在学校门口。　　　　　（　　　　）

3. "我" 不喜欢等。　　　　　　　　　　　　　　　（　　　　）

4. "我" 也常常坐电梯上去。　　　　　　　　　　　（　　　　）

メモ用紙

86

第 12 課

➡ TRAINING—12 トレーニング問題

1 下記の会話の女性の発話に続く男性の言葉として、あり得るものを①～④の中から選びなさい（複数可）。

1. 女性：快要上课了。

   男性：① 上楼吧!　② 他怎么还没来?　③ 走路吧!　④ 不想上课。

2. 女性：我们走回家吧!

   男性：① 太累了!　② 走上去吧!　③ 不想走。　④ 没有电车。

2 次の文を中国語に訳しなさい。

1. 図書館の前にたくさんの人が立っています。

   ➡ _____

2. 電車がないから、私たちが歩いて帰りましょう。

   ➡ _____

3. もう時期冬休みになります。　　*放寒假 fàng hánjià 冬休みになる

   ➡ _____

4. 先生が図書館に入って行ったのを見ました。

   ➡ _____

3 下線語句に対し、質問しなさい。

1. 我们<u>走上去</u>。

   ➡ _____

2. <u>电梯门口</u>站着很多人。

   ➡ _____

3. <u>因为没有电梯</u>，所以我要走上去。

   ➡ _____

4. 到家的时候，我<u>累极了</u>。　　*到 dào 着く、到着する、（時間）～になる

   ➡ _____

4 左と右が一つの文になるよう、線で結びなさい。

1. 我不想上去，　•　　　　• 快要 12 点了。

2. 睡觉吧　　　　•　　　　• 怎么这么多人!

3. 今天不是周末，•　　　　• 不想走上去。

4. 今天太累了，　•　　　　• 你下来吧。

　*睡觉 shuìjiào 寝る　下来 xiàlai 降りてくる

87

第13課

我 看不懂 中国 电影。
Wǒ　　　kànbudǒng　　Zhōngguó　　diànyǐng.

主要文法要点

☐ **比較文**：「AはBより〜」だ。

	A	比	B	形容詞 / 動詞	程度の差 差の分量
肯定文 1	我 Wǒ	比 bǐ	妹妹 mèimei	高。 gāo	
肯定文 2	我 Wǒ	比 bǐ	妹妹 mèimei	大 dà	两岁。 liǎngsuì
否定文	上海 Shànghǎi	没有 méiyǒu	北京 Běijīng	（那么）冷。 nàme　lěng	
疑問文 1	你 Nǐ	比 bǐ	妹妹 mèimei	高 gāo	吗？ ma
疑問文 2	上海 Shànghǎi	有 没有 yǒu méiyǒu	北京 Běijīng	冷？ lěng	

☐ **可能補語**：動詞と結果補語・方向補語の間に"得""不"が入ったもので、動作の実現
　　　　　　の可能不可能を表す。「［〜を］…することができる」。

	動詞＋結果補語	動詞＋方向補語
肯定形	看得懂 kàndedǒng	进得去 jìndequ
否定形	看不懂 kànbudǒng	进不去 jìnbuqù
疑問形 1	看得懂吗？ kàndedǒng ma	进得去吗？ jìndequ ma
疑問形 2	看得懂 看不懂？ kàndedǒng kànbudǒng	进得去进不去？ jìndequ jìnbuqù

第 13 課

学習ポイント

⭐ **一～就～**：「～すると、すぐ～をする」。

　　 一 有时间 就 看中国电影。　　　　　　　時間があると、すぐ中国映画を見る。

⭐ **～得多**：前の形容詞の程度が高いことを示す。「ずっと～だ」という意味。

　　汉语比英语难 得多 。　　　　　　　中国語は英語よりずっと難しい。

⭐ **如果～（的话）**：「もし～なら、～する」。仮定を表す。どちらか省略可能。

　　 如果 字幕慢一点儿（的话），我可能看得懂。
　　　　　　　　　　　　　　もし字幕がもう少しゆっくりなら私は理解することができるかもしれない。

もうちょっと知りましょう ❾　　　　　　　　映画の種類、音楽の種類

映画	中国語	喜剧片 xǐjù piàn	中国語	纪录片 jìlù piàn
	日本語	コメディ映画	日本語	ドキュメンタリー映画
	中国語	动作片 dòngzuò piàn	中国語	动画片 dònghuà piàn
	日本語	アクション映画	日本語	アニメーション映画
	中国語	爱情片 àiqíng piàn	中国語	恐怖片 kǒngbù piàn
	日本語	恋愛映画	日本語	ホラー映画
	中国語	科幻片 kēhuàn piàn	中国語	奇幻片 qíhuàn piàn
	日本語	SF映画	日本語	ファンタジー映画
音楽	中国語	摇滚音乐 yáogǔn yīnyuè	中国語	流行音乐 liúxíng yīnyuè
	日本語	ロック音楽	日本語	ポップミュージック
	中国語	民族音乐 mínzú yīnyuè	中国語	古典音乐 gǔdiǎn yīnyuè
	日本語	民族音楽	日本語	クラシック音楽

我看不懂中国电影。

1. 田中：我 觉得 汉语 比 英语 难 得多。
   Wǒ juéde Hànyǔ bǐ Yīngyǔ nán deduō.

2. 铃木：好像 没有 英语 那么 难。
   Hǎoxiàng méiyǒu Yīngyǔ nàme nán.

3. 田中：我 昨天 看了 一部 中国 电影，根本 看不懂。
   Wǒ zuótiān kànle yí bù Zhōngguó diànyǐng, gēnběn kànbudǒng.

4. 铃木：有 字幕 的话，看得懂 吧?
   Yǒu zìmù dehuà, kàndedǒng ba?

5. 田中：可是 字幕 太 快，看不完。你 呢?
   Kěshì zìmù tài kuài, kànbuwán. Nǐ ne?

6. 铃木：如果 字幕 慢 一点儿，我 可能 看得懂。
   Rúguǒ zìmù màn yìdiǎnr, wǒ kěnéng kàndedǒng.

7. 田中：为了 练习 听力，现在 我 一 有 时间，
   Wèile liànxí tīnglì, xiànzài wǒ yì yǒu shíjiān,

   就 看 中国 电影。
   jiù kàn Zhōngguó diànyǐng.

単語

1. 觉得 juéde【動詞】思う
2. 比 bǐ【動詞】比べる、比較する
3. 难 nán【形容詞】難しい
4. 得多 deduō ずっと~だ
5. 好像 hǎoxiàng【副詞】まるで…のようだ
6. 部 bù【量詞】映画などの数え方
7. 电影 diànyǐng【名詞】映画
8. 根本 gēnběn【副詞】まったく、全然
9. 懂 dǒng【動詞】分かる、理解する
10. 字幕 zìmù【名詞】字幕
11. ~的话 ~ de huà ~だったら、もし~
12. 可是 kěshì【接続詞】しかし
13. 如果 rúguǒ【接続詞】もし
14. 慢 màn【形容詞】遅い
15. 可能 kěnéng【助動詞】かもしれない
16. 为了 wèile【介詞】~のために
17. 练习 liànxí【動詞】練習する
18. 听力 tīnglì【名詞】リスニング
19. 现在 xiànzài【名詞】現在、今
20. 一~就~ yī ~ jiù ~ ~すると、すぐ~をする

90

左の会話文をしっかりマスターしましょう。

一　下記の文を中国語で言ってみましょう。

1　中国語は英語よりずっと難しいと思います。

2　英語ほどそんなに難しくないみたいです。

3　私は昨日中国映画を見ました。全然聞き取れませんでした。

4　字幕があったら、見て理解できますか。

5　字幕が速すぎて、読み終えられない。あなたは？

6　もし字幕が少し遅かったら、私は見て理解できるかもしれません。

7　リスニング練習するため、今は時間があれば、すぐ中国映画を見ます。

二　下記のピンインを声を出して読みましょう。

1　Wǒ juéde Hànyǔ bǐ Yīngyǔ nán deduō.

2　Hǎoxiàng méiyǒu Yīngyǔ nàme nán.

3　Wǒ zuótiān kànle yí bù Zhōngguó diànyǐng, gēnběn kànbudǒng.

4　Yǒu zìmù dehuà, kàndedǒng ba?

5　Kěshì zìmù tài kuài, kànbuwán. Nǐ ne?

6　Rúguǒ zìmù màn yìdiǎnr, wǒ kěnéng kàndedǒng.

7　Wèile liànxí tīnglì, xiànzài wǒ yì yǒu shíjiān, jiù kàn Zhōngguó diànyǐng.

🚌 LISTENING−13 リスニング問題

🎧 107

1 音声を聴き、聴こえたピンインを [ ] に書きなさい。

1. [   ]   [   ]   [   ]   [   ]

2. [   ]   [   ]   [   ]   [   ]

3. [   ]   [   ]   [   ]   [   ]

🎧 108

2 音声を聴き、聴こえた語句を中国語で書きなさい。

1. [   ]

2. [   ]

3. [   ]

4. [   ]

🎧 109

3 文章を聴き取り、その意味に基づき、下記の文が正しいかを判断し、〇か×を（   ）に書きなさい。

1. "我" 觉得看懂中国电影不难。　　　　　　　（   ）

2. "我" 如果不看字幕，看不懂中国电影。　　　（   ）

3. "我" 能看完字幕。　　　　　　　　　　　　（   ）

4. 现在 "我" 看得懂中国电影了。　　　　　　　（   ）

メモ用紙

92

第 13 課

TRAINING－13 トレーニング問題

1 下記の会話の女性の発話に続く男性の言葉として、あり得るものを①～④の中から選びなさい（複数可）。

1. 女性：我常常看中国电影。

   男性：① 你看得懂吗？　② 有字幕吗？　③ 你看不懂。　④ 我看不懂。

2. 女性：昨天我一到家就睡觉了。

   男性：① 太累了吧!　② 能睡觉吗？　③ 想几点睡？　④ 我不睡觉。

2 次の文を中国語に訳しなさい。

1. あなたは中国小説を読んで理解できますか。

   ➡ _____

2. 英語は日本語ほど難しくないと思います。

   ➡ _____

3. 昨日私は家に着くとすぐ寝ました。

   ➡ _____

4. 字幕がなければ、聞き取れないです。

   ➡ _____

3 下記の質問に否定文で答えなさい。

1. 你看得懂中国电影吗？

   ➡ _____

2. 你觉得英语难不难？

   ➡ _____

3. 你比妈妈高吗？

   ➡ _____

4. 最近你看电影了吗？

   ➡ _____

4 左と右が一つの文になるよう、線で結びなさい。

1. 你看中国电影的时候，　　　•　　　•　还没写完呢。

2. 我今天的作业，　　　　　　•　　　•　没有你说得好。

3. 我的汉语，　　　　　　　　•　　　•　听得懂吗？

4. 你比田中高，　　　　　　　•　　　•　是吧？

93

第14課　你 爸爸 让 你 去 留学 吗?
Nǐ　bàba　ràng　nǐ　qù　liúxué　ma?

主要文法要点

□ **使役文**：「A让 / 叫 / 请B～」とは、「AはBに…させる」。

	主語 （A）	述語				語気助詞
		副詞 / 助動詞	让	B	動詞句	
肯定文	老师 Lǎoshī		让 ràng	我们 wǒmen	好好儿学习。 hǎohāor xuéxí	
否定文	爸爸 Bàba	不（想） bù　xiǎng	让 ràng	我 wǒ	去留学。 qù liúxué	
疑問文 1	爸爸 Bàba		让 ràng	你 nǐ	去留学 qù liúxué	吗? ma
疑問文 2	爸爸 Bàba	让不让 ràng bu ràng		你 nǐ	去留学? qù liúxué	

😄 Bが"让 / 叫 / 请"の対象であると同時に後の動詞句の主体になっているので、このような文を
兼語文と呼ぶ。

爸爸 叫 我 去留学。　　　　　父は私に留学に行かせる。
　　　　↓
　　　爸爸 叫 我 。　　　　　父は私にさせる。
　　　　　　　我 去留学。　　私が留学に行く。
　　　　　　　↓
＊「我」は、「叫」の対象で、「去留学」の主体。「我」は兼語である。

94

第 14 課

□ **「把」構文**：「A把B〜」とは、「AはBをどのように処置する」。

	主語 A	述語				語気助詞
		副詞 / 助動詞	把	B	動詞句	
肯定文	你 Nǐ	先 xiān	把 bǎ	初级 chūjí	学完。 xuéwán	
否定文	我 Wǒ	没 méi	把 bǎ	初级 chūjí	学完。 xuéwán	
疑問文	你 Nǐ		把 bǎ	初级 chūjí	学完 了 xuéwán	吗？ ma

😋 "把＋名詞" の後の動詞は、単独では使えない。結果 / 方向 / 状態補語、動作量 / 時間量、また動詞の重ね型のものが動詞の後につく。

学習ポイント

⭐ **先〜，（然后）再〜**：「まず〜して、それから〜する」という意味。

先 把初级学完，（然后）再 去。　　先ず初級を勉強し終えて、それから行く。

🎧 **もうちょっと知りましょう⑩**　·········· よく使う学習道具類

中国語	圆珠笔 yuánzhūbǐ	中国語	铅笔 qiānbǐ	
意味	ボールペン	意味	鉛筆	
中国語	橡皮 xiàngpí	中国語	文具盒 wénjùhé	
意味	消しゴム	意味	筆箱	
中国語	剪刀 jiǎndāo	中国語	胶水 jiāoshuǐ	
意味	ハサミ	意味	のり	

会話 你爸爸让你去留学吗?

111

1 田中： 你爸爸 让 你 去 上海 留学 吗?
Nǐ bàba ràng nǐ qù Shànghǎi liúxué ma?

2 铃木： 他 不让 我 去 上海， 让 我 去 北京。 你 呢?
Tā búràng wǒ qù Shànghǎi, ràng wǒ qù Běijīng. Nǐ ne?

3 田中： 我 爸爸 说 先 把 初级 学完 再 去。
Wǒ bàba shuō xiān bǎ chūjí xuéwán zài qù.

4 铃木： 其实 我 也 很 担心 自己的 口语 和 听力。
Qíshí wǒ yě hěn dānxīn zìjǐ de kǒuyǔ hé tīnglì.

5 田中： 从 明天 开始 我们 用 汉语 聊天儿 吧。
Cóng míngtiān kāishǐ wǒmen yòng Hànyǔ liáotiānr ba.

6 铃木： 我 建议 请 一位 中国 留学生 教 我们!
Wǒ jiànyì qǐng yíwèi Zhōngguó liúxuéshēng jiāo wǒmen!

7 田中： 好 主意!
Hǎo zhǔyi!

112 📖 单語

1. 让 ràng【動詞】させる
2. 说 shuō【動詞】話す
3. 先 xiān【副詞】まず
4. 把 bǎ【介詞】～を（…する）
5. 初级 chūjí【名詞】初級
6. 再～ zài ～【副詞】そして～
7. 其实 qíshí【副詞】実は、本当は

8. 担心 dānxīn【動詞】心配する
9. 自己 zìjǐ【名詞】自分
10. 开始 kāishǐ【動詞】始まる、～から
11. 聊天儿 liáotiānr おしゃべりする、チャットする
12. 建议 jiànyì【動詞】提案する、進める
13. 请 qǐng【動詞】お願いする
14. 主意 zhǔyi【名詞】アイデア、考え

固有名詞

1. 上海 Shànghǎi【都市名】上海
2. 北京 Běijīng【都市名】北京

第14課

左の会話文をしっかりマスターしましょう。

一　下記の文を中国語で言ってみましょう。

1　父親はあなたに上海へ留学に行かせますか。

2　上海に行かせないけれど、北京に行かせてくれます。あなたは？

3　私の父親はまず初級を習い終えてから行こうと言いました。

4　実は私も自分のスピーキングとリスニングを心配しています。

5　明日から私たちは中国語でおしゃべりしましょうか。

6　一人中国人留学生にお願いして、私たちに教えてもらうと提案します。

7　良い考え。

二　下記のピンインを声を出して読みましょう。

1　Nǐ bàba ràng nǐ qù Shànghǎi liúxué ma?

2　Tā búràng wǒ qù Shànghǎi, ràng wǒ qù Běijīng. Nǐ ne?

3　Wǒ bàba shuō xiān bǎ chūjí xué wán zài qù.

4　Qíshí wǒ yě hěn dānxīn zìjǐde kǒuyǔ hé tīnglì.

5　Cóng míngtiān kāishǐ wǒmen yòng Hànyǔ liáotiānr ba.

6　Wǒ jiànyì qǐng yíwèi Zhōngguó liúxuéshēng jiāo wǒmen!

7　Hǎo zhǔyi!

97

🚌 LISTENING－14 リスニング問題

🎧 113 **1** 音声を聴き、聴こえたピンインを［　］に書きなさい。

1. ［　　　］　　　［　　　］　　　［　　　］　　　［　　　］

2. ［　　　］　　　［　　　］　　　［　　　］　　　［　　　］

3. ［　　　］　　　［　　　］　　　［　　　］　　　［　　　］

🎧 114 **2** 音声を聴き、聴こえた語句を中国語で書きなさい。

1. ［　　　　　　　　　　　　　］

2. ［　　　　　　　　　　　　　］

3. ［　　　　　　　　　　　　　］

4. ［　　　　　　　　　　　　　］

🎧 115 **3** 文章を聴き取り、その意味に基づき、下記の文が正しいかを判断し、○か×を（　　）に書きなさい。

1. "我们"去老师家了。　　　　　　　　　　（　　　　）

2. 老师没给"我们"做饭。　　　　　　　　　（　　　　）

3. 老师用汉语跟"我们"聊天儿了。　　　　　（　　　　）

4. "我们"昨天晚上去的老师家。　　　　　　（　　　　）

メモ用紙

98

第14課

▶ TRAINING−14 トレーニング問題

1 下記の会話の女性の発話に続く男性の言葉として、あり得るものを①～④の中から選びなさい（複数可）。

1. 女性：放学以前我要把作业写完。

  男性：① 作业多吗？ ② 我写不完。 ③ 有什么作业？

  　　④ 能写完吗？

2. 女性：我们用英语聊天儿，怎么样？

  男性：① 非常好! ② 可以练习口语。 ③ 好注意! ④ 没问题!

2 次の文を中国語に訳しなさい。

1. 授業の時、先生は私たちに携帯電話を見させません。

  ➡ ....

2. お母さんは子供に買い物に行かせます。

  ➡ ....

3. 現在、よく携帯電話で友達とチャットします。

  ➡ ....

4. 宿題を書き終えてから家に帰ろう。（"把"を用いる）

  ➡ ....

3 下線語句に対し、質問しなさい。

1. 我爸爸让我去<u>北京</u>留学。

  ➡ ....

2. 我妈妈请<u>张老师</u>教我汉语。

  ➡ ....

3. <u>在学校的时候</u>，老师不让我们用手机。

  ➡ ....

4. 老师让她孩子<u>用汉语</u>跟我们聊天儿。

  ➡ ....

4 左と右が一つの文になるよう、線で結びなさい。

1. 爸爸让我去北京，　　•　　　　•　你的口语很好。

2. 别担心，　　　　　　•　　　　•　你觉得怎么样？

3. 要先把初级学完，　　•　　　　•　可是我想去上海。

4. 我们以后用汉语说话，•　　　　•　再去留学。

  ＊说话 shuōhuà 話す

99

語彙索引

A

啊	ā	あ（短く言う、驚く時に使う）	78
矮	ǎi	低い	59
爱好	àihào	趣味	54
爱情片	àiqíng piàn	恋愛映画	89

B

把	bǎ	～を（…する）	96
爸爸	bàba	お父さん	35, 36
吧	ba	～しよう、だろう	48
白	bái	白	83
白色	báisè	白	83
半	bàn	半、30分	42
办法	bànfǎ	仕方、方法	60
帮忙	bāngmáng	手伝う、助ける	72
办公室	bàngōngshì	職員室	72
半价	bànjià	半額	84
饱	bǎo	充分になる	77
包子	bāozi	肉まん	27
被	bèi	～される	78
杯	bēi	杯	24
北京	Běijīng	北京	21, 96
比	bǐ	比べる、比較する	90
别	bié	～しないで	72
笔记本	bǐjìběn	ノート	60
部	bù	映画などの数え方	90
不过	búguò	でも、しかし	60
不太～	bútài ～	あまり～ではない	30
补习	bǔxí	補習する	72

C

才	cái	ようやく、やっと	60
菜	cài	料理	69
长	cháng	長い	59
尝	cháng	食べる、味わう	66
常常	chángcháng	常に、よく	30
唱歌	chànggē	歌を歌う	41
超市	chāoshì	スーパー	51
车站	chēzhàn	駅	48
吃	chī	食べる	24
吃饱	chībǎo	食べて満腹になる	77
吃饭	chī fàn	ご飯を食べる	48
吃晚饭	chī wǎnfàn	夕食を食べる	71
吃午饭	chī wǔfàn	お昼ご飯を食べる	71
吃早饭	chī zǎofàn	朝食を食べる	71
川菜	Chuāncài	四川料理	66
初级	chūjí	初級	96
出去	chūqù	出かける	57
次	cì	～回	66
从～到～	cóng ～ dào ～	～まで	42
错	cuò	間違い	77, 78

D

打棒球	dǎ bàngqiú	野球をする	41
打电话	dǎ diànhuà	電話をかける	72
打工	dǎgōng	アルバイトをする	30
打网球	dǎ wǎngqiú	テニスをする	41
打算	dǎsuan	予定、するつもり	54
答对	dáduì	答えて合っている	77
大	dà	大きい	36, 59
大概	dàgài	だいたい	48
大学	dàxué	大学	51, 66
担心	dānxīn	心配する	96
蛋糕	dàngāo	ケーキ	24
到	dào	達成する、手に入れる、実現する	77
到	dào	着く、到着する、（時間）～になる	87
道	dào	問題の数を数える	78
的	de	～の	30
～的话	～ de huà	～だったら、もし～	90
～的时候	～ de shíhou	～の時	66
得	de	…するのが～だ	54
得多	deduō	ずっと～だ	90
等	děng	待つ	84
弟弟	dìdi	弟	35, 36
第一天	dìyītiān	初日	84
点	diǎn	～時	42
电车	diànchē	電車	42
电脑	diànnǎo	パソコン	60
电梯	diàntī	エレベーター	84
电影	diànyǐng	映画	90
懂	dǒng	分かる、理解する	77, 90
动画片	dònghuà piàn	アニメーション映画	89
动作片	dòngzuò piàn	アクション映画	89

都	dōu	すべて	60
短	duǎn	短い	59
对	duì	正しい	77
对了	duìle	そうだ	48
多	duō	どれくらい	36
多	duō	多い	59
多长时间	duōcháng shíjiān	どれくらいの時間	48
多少	duōshǎo	いくつ	24
多少钱	duōshao qián	いくら	24

F

饭店	fàndiàn	レストラン	66
方便	fāngbiàn	便利だ	51
放寒假	fàng hánjià	冬休みになる	87
放学	fàngxué	学校が終わる	60, 71
发生	fāshēng	発生する	84
非常	fēicháng	非常に	30
分钟	fēnzhōng	～分間	48
粉	fěn	ピンク色	83
粉色	fěnsè	ピンク色	83
附近	fùjìn	付近	48

G

该～了	gāi ~ le	～すべき（の時間）	60
干净	gānjing	きれいである（清潔な）	59, 77
刚才	gāngcái	先ほど	72
高	gāo	高い	59
高兴	gāoxìng	嬉しい	18
哥哥	gēge	兄	35
个	gè	個	24
给	gěi	～に	72
根本	gēnběn	まったく、全然	90
工作	gōngzuò	仕事（する）	33
怪不得	guàibude	道理で、なるほど	72
逛街	guàngjiē	街を散歩する	41
古典音乐	gǔdiǎn yīnyuè	クラシック音楽	89
贵	guì	高い（値段）	60
过	guo	～したことがある（経験）	66

H

还	hái	また	54
还	hái	まだ	78
孩子	háizi	こども	81

韩国	Hánguó	韓国	17, 69
韩语	Hányǔ	韓国語	17
寒假	hánjià	冬休み	54
汉堡	Hànbǎo	ハンバーガー	29
汉语	Hànyǔ	中国語	17
好	hǎo	よい、元気である	18
好吃	hǎochī	美味しい	66
好喝	hǎohē	美味しい（飲物）	30
好像	hǎoxiàng	まるで…のようだ	90
号	hào	日	36
喝	hē	飲む	24
和	hé	と	36
黑	hēi	黒	83
黑色	hēisè	黒	83, 84
很	hěn	とても	18
红	hóng	赤色	83
红色	hóngsè	赤色	83
后边	hòubian	後方	48
滑雪	huá xuě	スキーをする	54
换	huàn	換える	66
黄	huáng	黄色	83
黄色	huángsè	黄色	83
灰	huī	灰色	83
灰色	huīsè	灰色	83
回家	huíjiā	帰宅する、家に帰る	60, 71
会	huì	（習得して）できる	54
会～的	huì ~ de	きっと～だろう	78

J

～极了	~ jíle	とても	66
几	jǐ	いくつ	36
记住	jìzhù	しっかり覚える	77
纪录片	jìlù piàn	ドキュメンタリー映画	89
家	jiā	家	36
家	jiā	軒（店などを数える）	66
简单	jiǎndān	簡単な	59
剪刀	jiǎndāo	ハサミ	95
见	jiàn	感知される	77
建议	jiànyì	提案する、進める	96
教	jiāo	教える	54
交	jiāo	提出する、支払う	78
胶水	jiāoshuǐ	のり	95
饺子	jiǎozi	餃子	27

101

叫	jiào ~	と言う	18
教室	jiàoshì	教室	45
接	jiē	（電話を）出る	72
姐姐	jiějie	姉	35
今年	jīnnián	今年	36, 63
进步	jìnbù	進歩する	72
进去	jìnqu	どうしても	84
旧	jiù	古い	60
觉得	juéde	思う	90

K

咖啡	kāfēi	コーヒー	24
开门	kāimén	開店する	84
开始	kāishǐ	始まる、～から	96
看	kàn	見る、読む	42
看电视	kàn diànshì	テレビを見る	57, 71
看见	kànjiàn	（見て）目に入る、見える	77, 78
看书	kànshū	読書する	41
科幻片	kēhuàn piàn	SF映画	89
可能	kěnéng	かもしれない	90
可是	kěshì	しかし	90
可以	kěyǐ	～できる（許可・条件）	54
课	kè	授業	63
肯德基	Kěndéjī	ケンタッキー	29
恐怖片	kǒngbù piàn	ホラー映画	89
口	kǒu	人（家族の人数を数える）	36
口语	kǒuyǔ	会話、口語	72
裤子	kùzi	ズボン	83
块	kuài	元（中国の通貨）	24
快	kuài	速い	59, 72
快	kuài	速く～する	78
快乐	kuàilè	楽しい	36
快要～了	kuàiyào ~ le	もうすぐ～	84

L

来	lái	来る、～を下さい（注文や買い物時に用いる）	24
蓝	lán	紺色	83
蓝色	lánsè	紺色	83
姥姥	lǎolao	（母方の）おばあさん	35
老师	lǎoshī	先生	21
姥爷	lǎoye	（母方の）おじいさん	35
累	lèi	疲れる	33

练习	liànxí	練習する	90
聊天儿	liáotiānr	おしゃべりする、チャットする	96
两	liǎng	二つ（数を数える時に使う）	78
流行音乐	liúxíng yīnyuè	ポップミュージック	89
留学	liúxué	留学する	33
留学生	liúxuéshēng	留学生	18
楼	lóu	ビル、～階	84
旅行	lǚxíng	旅行、旅行する	54
绿茶	lùchá	緑茶	27

M

妈妈	māma	お母さん	35, 36
麻婆豆腐	Mápó dòufu	マーボー豆腐	66
吗	ma	疑問文の語尾	18
买到	mǎidào	買って手に入れる	77
买东西	mǎi dōngxi	買い物する	39
卖	mài	売る	84
麦当劳	Màidāngláo	マクドナルド	29
慢	màn	遅い	59, 90
忙	máng	忙しい	30, 59
毛衣	máoyi	セーター	83
帽子	màozi	帽子	83
没办法	méi bànfǎ	仕方がない	60
没问题	méi wènti	大丈夫だ	54
美国	Měiguó	アメリカ	17, 69
每天	měitiān	普段、いつも	42
妹妹	mèimei	妹	35
门口	ménkǒu	入口	84
米	mǐ	メートル	54
面包	miànbāo	パン	24
明天	míngtiān	明日	39
名字	míngzi	名前	18
民族音乐	mínzú yīnyuè	民族音楽	89

N

那	nà	では	48
奶茶	nǎichá	ミルクティー	24
奶奶	nǎinai	（父方の）おばあさん	35
哪里哪里	nǎlinǎli	いえいえ	72
那么	nàme	あんな～	54
难	nán	難しい	59, 90
哪儿	nǎr	どこ	30
那儿	nàr	そこ、あそこ	30

呢	ne	〜は（省略疑問文とも言う）	24
能	néng	〜できる	54
你	nǐ	あなた	18
你好	Nǐhǎo	こんにちは	18
您	nín	「你」の敬称	24
牛奶	niúnǎi	牛乳	27
女装	nǚzhuāng	女性服	84

P

跑步	pǎobù	ジョギングする	42
胖	pàng	太る	59
朋友	péngyou	友達	39
批评	pīpíng	叱る、怒る	78
披萨	Pīsà	ピザ	29
便宜	piányi	安い	66

Q

奇幻片	qíhuàn piàn	ファンタジー映画	89
骑自行车	qí zìxíngchē	自転車に乗る	39
铅笔	qiānbǐ	鉛筆	95
钱	qián	お金	24
前边	qiánbian	前	51
起床	qǐchuáng	起きる	42, 71
清楚	qīngchu	はっきりしている	77
请	qǐng	〜してください	24
请	qǐng	お願いする	96
请问	qǐng wèn	お尋ねします	24
其实	qíshí	実は、本当は	96
去	qù	行く	30
去打工	qù dǎgōng	アルバイトに行く	71
去学校	qù xuéxiào	学校へ行く	71
裙子	qúnzi	スカート	83, 84

R

让	ràng	させる	96
人	rén	人	36
认识	rènshi	知り合う	18
日本	Rìběn	日本	17
日本料理	Rìběn liàolǐ	和食	69
日语	Rìyǔ	日本語	17
如果	rúguǒ	もし	90

S

上	shàng	登る	84
上海	Shànghǎi	上海	96
上课	shàngkè	授業を受ける / 始まる	45, 71
上去	shàngqu	上がっていく	84
上网	shàngwǎng	ネットを見る	42
上衣	shàngyī	上着	83
少	shǎo	少ない	59
什么	shénme	何	18
什么时候	shénme shíhou	いつ	48
生日	shēngrì	誕生日	36
时间	shíjiān	時間	48
是	shì	〜である	18
是吗	shì ma	そうか	66
事	shì	用事	72
瘦	shòu	痩せる	59
收拾房间	shōushi fángjiān	部屋を片付ける	75
手机	shǒujī	携帯電話	60
书	shū	本	42
刷牙	shuāyá	歯を磨く	71
谁	shuí / shéi	誰	57
睡觉	shuìjiào	寝る	71, 87
说	shuō	話す	57, 96
说错	shuōcuò	言い間違える	77
说话	shuōhuà	話す	99
薯条	Shǔtiáo	フライドポテト	29
岁	suì	歳	36

T

台	tái	〜台	60
套装	tàozhuāng	スーツ	83
躺	tǎng	横たわる	75
特别	tèbié	特別に	75
题	tí	問題	78
条	tiáo	枚（スカート、ズボンなどを数える）	84
跳舞	tiàowǔ	ダンスをする	41
听音乐	tīng yīnyuè	音楽を聴く	75
听懂	tīngdǒng	聞いて分かる	77
听力	tīnglì	リスニング	90
听说	tīngshuō	…と聞いている；…だそうだ	72
图书馆	túshūguǎn	図書館	45, 48

103

W

袜子	wàzi	靴下	83
完	wán	やり終わる	78
玩游戏	wán yóuxì	ゲームで遊ぶ	41
晚	wǎn	遅い	59
晚上	wǎnshang	夜	48
忘	wàng	忘れる	81
文具盒	wénjùhé	筆箱	95
为了	wèile	～のために	90
为什么	wèishénme	なぜ、どうして	54
问	wèn	尋ねる	24
我	wǒ	私	18, 35
我们	wǒmen	私たち	48

X

洗干净	xǐgānjing	洗ってきれいになる	77
洗脸	xǐliǎn	顔を洗う	71
洗澡	xǐzǎo	お風呂に入る/シャワーをする	71
喜欢	xǐhuan	～好き	54
喜剧片	xǐjù piàn	コメディ映画	89
下次	xiàcì	次回	66
下课	xiàkè	授業が終わる	71
下来	xiàlai	降りてくる	87
先	xiān	まず	96
闲	xián	暇な	59
现在	xiànzài	現在、今	90
想	xiǎng	～したい	24
橡皮	xiàngpí	消しゴム	95
小	xiǎo	小さい	59
小说	xiǎoshuō	小説	81
鞋	xié	靴	83
写作业	xiě zuòyè	宿題をする	75
写清楚	xiěqīngchu	はっきりと書く	77
新	xīn	新しい	60
星巴克	Xīngbākè	スターバックス	29, 30
星期三	xīngqī sān	水曜日	48
姓	xìng	姓、～である	18
休息	xiūxi	休む	66
学习	xuéxí	勉強する	30
学校	xuéxiào	学校	42

Y

摇滚音乐	yáogǔn yīnyuè	ロック音楽	89
要	yào	（時間が）かかる	48
要	yào	～したい、～する予定	54
爷爷	yéye	（父方の）おじいさん	35
也	yě	も	18
一～就～	yī～jiù～	～すると、すぐ～をする	90
一边…一边～	yìbiān…yìbiān～	…しながら～する	72
衣服	yīfu	洋服	83
一共	yígòng	合計で	24
以后	yǐhòu	～の後	42
一起	yìqǐ	一緒に	48
因为	yīnwèi	なぜなら～	54
英语	Yīngyǔ	英語	17
用	yòng	使う	60
游	yóu	泳ぐ	54
游泳	yóuyǒng	泳ぐ	54
有	yǒu	いる、ある	36
有点儿	yǒudiǎnr	ちょっと～	30
有时候	yǒushíhou	時には	42
又	yòu	また	66
又～又～	yòu～yòu～	～し、また～	66
圆珠笔	yuánzhūbǐ	ボールペン	95
远	yuǎn	遠い	42
月	yuè	月	36

Z

在	zài	～で	30
在	zài	～にいる、～にある	48
在	zài	～しているところ	72
再	zài	そして～	96
早	zǎo	早い	59
早上	zǎoshang	朝	42
脏	zāng	汚い	59
怎么	zěnme	どのように～	42
怎么	zěnme	なんで	84
怎么样	zěnmeyàng	どうですか	30
站	zhàn	立つ	72
着	zháo	達成する	77
找	zhǎo	探す	72
找着	zhǎozháo	探しあてる、見つかる	77

这儿	zhèr	ここ	51	紫色	zǐsè	紫	83
着	zhe	～しながら（～する）	72	自己	zìjǐ	自分	96
真的	zhēnde	しかし	84	字幕	zìmù	字幕	90
正好	zhènghǎo	ちょうど	84	棕色	zōngsè	茶色	83
知道	zhīdào	知る	78	走路	zǒulù	（道を）歩く	48
中国	Zhōngguó	中国	17, 18	昨天	zuótiān	昨日	60
周末	zhōumò	週末	63	坐	zuò	乗る	42
主意	zhúyì	アイデア、考え	96	做	zuò	する、作る	42
祝	zhù	祝う	36	做菜	zuòcài	料理をする	41
住	zhù	定着する	77	做题	zuòtí	問題を解く	78
紫	zǐ	紫	83	作业	zuòyè	宿題	78

著　者

潘藝梅　博士（応用言語学）
早稲田大学、慶應義塾大学、共立女子大学等の中国語兼任講師

畢文涛　博士（言語教育学）
北京語言大学東京校専任講師、慶応義塾大学、法政大学等の兼任講師

音声吹込　翟啓麗／畢文涛

聞く、話す　総合中国語
―初級完全マスター

2025. 4. 10　初版発行

発行者　上 野 名 保 子

発行所　〒101-0062　東京都千代田区神田駿河台３の７
　　　　電話　東京03（3291）1676　FAX 03（3291）1675
　　　　振替　00190-3-56669番
　　　　E-mail：edit@e-surugadai.com
　　　　URL：http://www.e-surugadai.com

株式
会社　**駿河台出版社**

製版・印刷・製本　フォレスト

ISBN 978-4-411-03171-6 C1087　¥2400E

中国語音節全表

声母\韵母	1															i	ia	iao	ie
	a	o	e	-i	er	ai	ei	ao	ou	an	en	ang	eng	ong		i	ia	iao	ie
b	ba	bo				bai	bei	bao		ban	ben	bang	beng			bi		biao	bie
p	pa	po				pai	pei	pao	pou	pan	pen	pang	peng			pi		piao	pie
m	ma	mo	me			mai	mei	mao	mou	man	men	mang	meng			mi		miao	mie
f	fa	fo					fei		fou	fan	fen	fang	feng						
d	da		de			dai	dei	dao	dou	dan		dang	deng	dong		di		diao	die
t	ta		te			tai		tao	tou	tan		tang	teng	tong		ti		tiao	tie
n	na		ne			nai	nei	nao	nou	nan	nen	nang	neng	nong		ni		niao	nie
l	la		le			lai	lei	lao	lou	lan		lang	leng	long		li	lia	liao	lie
g	ga		ge			gai	gei	gao	gou	gan	gen	gang	geng	gong					
k	ka		ke			kai	kei	kao	kou	kan	ken	kang	keng	kong					
h	ha		he			hai	hei	hao	hou	han	hen	hang	heng	hong					
j																ji	jia	jiao	jie
q																qi	qia	qiao	qie
x																xi	xia	xiao	xie
zh	zha		zhe	zhi		zhai	zhei	zhao	zhou	zhan	zhen	zhang	zheng	zhong					
ch	cha		che	chï		chai		chao	chou	chan	chen	chang	cheng	chong					
sh	sha		she	shi		shai	shei	shao	shou	shan	shen	shang	sheng						
r			re	ri				rao	rou	ran	ren	rang	reng	rong					
z	za		ze	zi		zai	zei	zao	zou	zan	zen	zang	zeng	zong					
c	ca		ce	ci		cai		cao	cou	can	cen	cang	ceng	cong					
s	sa		se	si		sai		sao	sou	san	sen	sang	seng	song					
	a	o	e		er	ai	ei	ao	ou	an	en	ang	eng			yi	ya	yao	ye